全方位运营攻略

HOT PRODUCTS MARKETING

爆品营销

杨光◎主编／钮诗桐◎著

民主与建设出版社

·北京·

图书在版编目（CIP）数据

全方位运营攻略 . 4, 爆品营销 / 钮诗桐著 . -- 北京 : 民主与建设出版社 , 2020.9

ISBN 978-7-5139-3156-4

Ⅰ . ①全… Ⅱ . ①钮… Ⅲ . ①电子商务－运营②网络营销 Ⅳ . ① F713.365

中国版本图书馆 CIP 数据核字 (2020) 第 152214 号

爆品营销
BAO PIN YING XIAO

丛书主编　杨　光
著　　者　钮诗桐
责任编辑　刘树民
封面设计　喆　人
出版发行　民主与建设出版社有限责任公司
电　　话　（010）59417747 59419778
社　　址　北京市海淀区西三环中路 10 号望海楼 E 座 7 层
邮　　编　100142
印　　刷　三河市德利印刷有限公司
版　　次　2020 年 9 月第 1 版
印　　次　2020 年 9 月第 1 次印刷
开　　本　880 毫米 ×1230 毫米　1/32
印　　张　6
字　　数　120 千字
书　　号　ISBN 978-7-5139-3156-4
定　　价　198.00 元（全 6 册）

前言 Preface

在这个商品经济时代，唯有营销才是王道。

每一位企业经营者和营销人员都知晓这一事实，但困扰他们的是，如何打造出属于自己的一款爆品，以此在这激烈的市场竞争中占得上风。

困扰他们的是，什么样的产品才能成为爆品，打造这样的爆品需要从哪些方面着手，需要运用哪些策略、遵循哪些原则等。

笔者在市场营销行业多年，根据这些年的实践与研究，总结出了关于爆品营销的一些经验及见解，现将多年所得在这本书中分享给企业经营者和营销人员。希望每一位看过此书的读者都能有所收获。

本书共分为六章，分别讲解了什么是爆品，产品的燃爆点在哪里，如何利用广告引燃爆品，如何在不同的平台开展宣传推广工作，打造爆品需要遵循哪些原则，以及如何让已经火爆的产品能够持续火爆下去。

全书采用理论与案例相结合的方式，深入浅出，好读易懂。从各个侧面逐步解析了打造一款爆品的全过程。

相信通过对本书的学习，读者对于如何打造一款爆品也会有自己的心得体会。只要在实践中加以妥善运用，相信不久的将来你也可以打造出属于自己的爆品，实现产品营销利润最大化！

得“爆品”者得天下

什么是“爆品”…002

打造爆品的 3 个关键点…006

爆品的 7 大要素…008

爆品生命周期的 4 个阶段…012

产品凭什么能爆

填补市场空白…016

单项功能特别突出…019

外观设计点燃视觉审美…021

让用户尖叫的超高性价比…024

刺激消费者为情怀埋单…027

03 用广告引燃爆品

用标题吸引人关注…034

用内文打动消费者…045

用流行热点为爆品加把火…050

猛击消费者痛点刺激下单…056

04 引爆销售的 5 大平台

微博营销：辐射粉丝的精准投放…062

微信营销：强社交关系下的爆品营销…078

直播营销：视觉盛宴中的爆品销售…083

短视频营销：分分秒秒点燃爆品…089

弹幕营销：让炸雷满天飞…097

打造爆品的 7 大原则

打造品牌要适应粉丝喜好…104

好的产品自己会说话…108

要输出产品，更要输出价值观…113

超值，是比较的结果…116

重要的是用户的感受…118

建立和消费者之间的最短路径…126

营销需要碎片化…131

推动产品持续火爆的 8 大策略

病毒营销：高效率的复制传播…136

饥饿营销：不断刺激消费者购买欲…141

事件营销：主动出击增加曝光…147

口碑营销：让用户帮你传递导火索…152

情感营销：有温度的商品更火爆…162

对立营销：有对比更显优秀…167

粉丝营销：让喜欢你的人更喜欢你…172

服务营销：把阶段性爆品变为长销爆品…177

01 得“爆品”者得天下

爆品之所以备受追捧，是因为爆品不仅可以迅速提升业绩、带来利润，还可以吸引大量客流，带动其他产品的销售，可谓一举两得。

什么是爆品

什么是爆品?

爆品即在销售环节中销量很高且供不应求的商品。这类商品享有很高的人气，无论是在线下商铺还是线上网店都有很高的销量。

打造一款爆品，是很多卖家都想要做到的事情，但也有不少人会产生顾虑：打造爆品是否真的如此简单，其中是否有规律可循?

其实确实如此简单，也确实有规律可循。爆品的规律其实就存在于买家的购买过程中。只要从买家的购买过程着手进行分析，就能轻易抓住其中的规律。

网购时，一般的买家会从五个阶段来完成交易。

第一阶段：搜索。买家在客户端寻找自己感兴趣的商品。

第二阶段：评估。买家根据收集到的产品信息，根据个人需求评估产品是否是自己所需要的。

第三阶段：决定。衡量商品的使用价值、所消耗的金额来决定是否购买。

第四阶段：购买。买家根据销售平台的步骤完成购买行为。

第五阶段：二次评估。使用商品之后，买家根据个人体验对商品进行再次评估，此评估不仅是其他人对于这一商品的参照，也将影响使用者下一次的消费行为。

想要解析爆品背后的规律，只有了解买家购买商品的这五个思想和行为阶段，才会简单很多。

但在平时的生活中，我们也会发现，某一款产品并没有做什么推广，但随着时间的推移，它的成交量在逐日提升。像这种成交量越来越大的商品，后期的销售就会更加容易了。这也就是我们所谓的“爆品”的“雏形”。

之所以会出现这种情况，就是因为消费者都有一种“随大流”的习惯，这种心理同时也被称为从众心理。在当代，线上销售多于线下销售，而线上销售消费者无法接触到实物，只能根据商品的描述和提供的产品图片了解商品，这也就导致消费者获得的信息相对于线下少了很多。

但是在线上的销售中，由于各家店铺对商品的描述和展示的图片大同小异，消费者更想知道的是第三方——其他消费者的意见，在他们看来，之前购买并使用过此商品的人的评价才是最中肯的，而且也不会有欺骗色彩。

所以销量高、评论多的商品更容易得到消费的青睐，这样也就能更快速地提高销量，如果能够得到更好的推广，就更容易形成“爆品”。

从理论上说，“爆品”的形成无法脱离消费者“随大流”的心理，但只能说这能使“爆品”更容易形成，要使商品成为真正的“爆品”，最重要的还是商家的营销方式。

打造“爆品”需要一整个营销过程，这个过程中的任何一点都是不容忽视的，其中最重要的就是前期工作。

可以说，前期工作决定了这个商品的发展方向。而在前期工作中，更为重要的则是产品的选择，如果选到的产品足以抓住一部分人的眼球，并能拥有一定的客户群，那这个产品就拥有了爆品的特性。那么，下面就为大家介绍一下打造爆品的前期工作（如图 1-1 所示）。

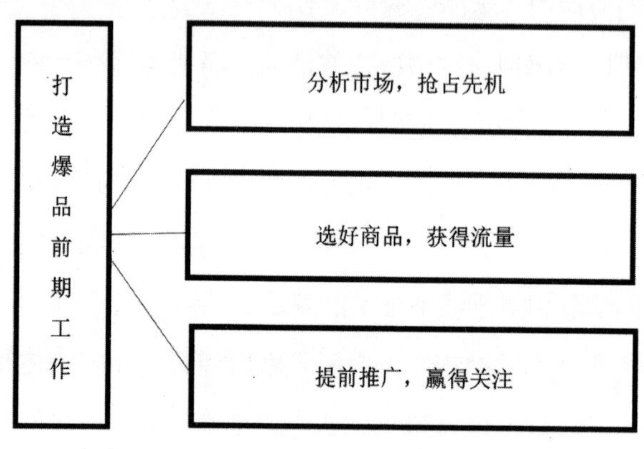

图 1-1　打造爆品的前期工作

1. 分析市场，抢占先机

在线上销售时，有很多小商家会选择跟随大商家，看看大商家销售的是什么，最火热的产品是什么，再根据这些产品找到货源，还有的会选择仿造类似产品，然后再在自己的店铺里销售。可是以这种方式进行销售的产品，并不能成为爆品。

因为这类商家在进行这类操作时，与大商家相比就明显地滞后了。当商品进行热销时，小商家进行仿制，当他们的商品能够上架销售时，这款产品的热度也随时间降低了。所以说这类跟随的商家的产品无法成为爆款，只能赶上余热，得到小小收获。这类商家就明显地处于劣势地位。

所以做数据分析时要有长远的目光，要有前瞻性，只有这样，所选择的商品上架时才能赶上销售的旺季，否则将失去成为爆品的机会。只有做到不早不晚刚刚好，这样所选的产品才有机会在众多商品中脱颖而出。此时结合商品商品营销，成为爆品的概率就会大大提升。

2. 选好商品，获得流量

有的商家为了节约成本，选择商品时会更多低考虑到成本。选择爆品时一定要注意性价比，因为一款产品想要热销，首先就是质量要好，其次是价格不可过高，所以性价比就显得尤为重要了。

在选择商品时不可忽视的还有款式。爆品的款式一定要符合消费者的审美趋势，要想抓住流行趋势，最好的方法是将所选的几个款式同时上架，并保证每个款式获得的流量是一致的。过一段时间后，选出成交量最大的产品，将其定为具有爆款潜质的产品进行推广。

3. 提前推广，赢得关注

当商品上架后，便可着手准备商品的推广方式，如此才能在后续的竞争中得到消费者的关注。

一般人认为，商品的推广应该有确定的时机，其实不然，商品的推广一定要提前，甚至要早于销售的季节，如此才能收获更好的效果。并且在推广的这个过程中，要随时关注各类热点，根据热点对推广方式进行调节，这样才能做到有的放矢。

爆品的规律都了解之后，商家就可以根据这些规律来进行营销了。

打造爆品的 3 个关键点

要想打造出一款爆品，了解其规律是必不可少的。但商家更需要知道的是，打造一款爆品，必须找到爆品的关键点。

只有了解了规律，并结合营销手段充分利用，抓准每一个节奏的关键点，才更有可能打造出爆品。

笔者根据爆品营销高手们的经验，总结出以下三个关键点（如图 1-2 所示）。

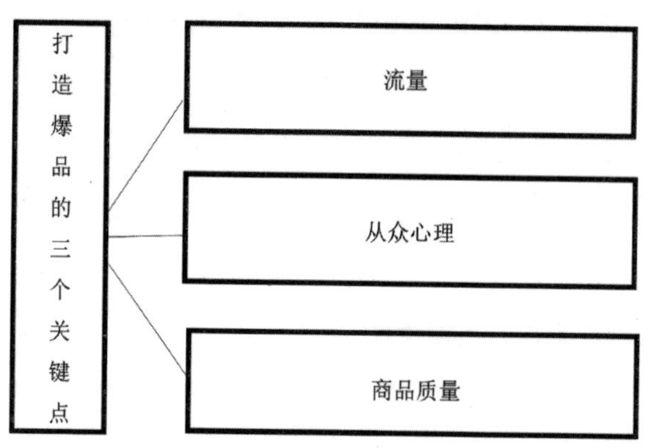

图 1-2　打造爆品的三个关键点

1. 流量

在信息飞速发展的今天，人人都在比拼流量，这对于商家也是必不可少的，但仅仅拥有流量并不可行，最终要将流量转化成为有效的成交量。

在淘宝搜索中，热卖排行榜占据了三成流量。也就是说，一但进入淘宝的热卖排行，势必会引来巨大的流量，商品的好坏则与这些流量密不可分。消费者都有从众心理，所以选购的商品必然是销量高的。

2. 从众心理

无论是线下还是线上，消费者的心理活动都是不容忽视的。在前文我们提到，消费者在线上购物时有五个阶段，其中第五阶段即二次评价。这对于消费者的从众心理有较大的影响。在二次评价中，如果能更好地体现产品的价值，对于商品的推广有更大的好处。

大部分消费者在选择同样的产品时会选择人气旺、评价好的商品。所以抓住消费者的从众心理，着重推广人气产品，消费者虽然没有看到实物，但也会下意识地认为这款产品很不错，这也就是消费者的延续性的从众判断。

3. 商品质量

一款商品想要打造成爆品，最不可忽视的就是质量，只有质量好了，才能有更好的发展方向，如果质量不能保证，那前期的准备工作皆是无用功。

以上的三个关键点缺一不可，只有抓住这三个关键点，商家的主推商品才会引起一系列连锁反应，才能使商品的销量逐日剧增，以此成为爆品。

爆品的 7 大要素

销售一款商品很容易，但要使这款商品成为爆品，则需要具备以下要素（如图 1-3 所示）。

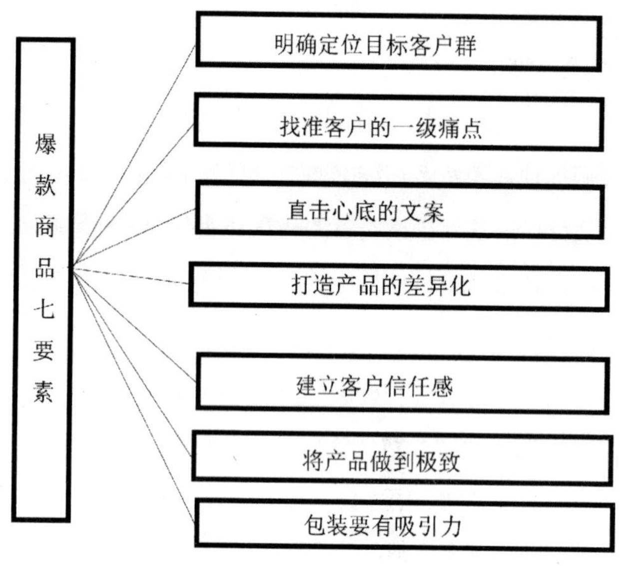

图 1-3 爆款商品七要素

1. 明确定位目标客户群

每一款商品都有不同的客户群体，要将商品打造成爆款，就要先了解这款商品的客户群，并且对其有明确的定位，如客户群的年龄、性别、价格等。先要有明确的客户群的定位，才能配合商品做出合适的营销方案，如此商品的初期才能有原始客户，并根据这些客户群的反馈适当调整商品的营销方式。只有这样，商家才能计算出此款商品能得到的大概收益。

目标客户群并不是根据个人的想象来确定，需要根据前期的数据进行严格筛选。唯有确定了目标客户群，这款商品才能进行前期的积累。

2. 找准客户的一级痛点

所谓一级通点，即针对买家对于品牌、品质、价格、性价比、售后服务的要求，只有了解这些要求，才能采取不同的策略。如此方能打动买家，促使他们做出购买的决定。

痛点可以说是一切营销的诱因，如果没有找准痛点，会导致前期工作付之东流。但如果找准了痛点，那将事半功倍。

3. 直击心底的文案

在平时的生活中，我们经常听到一些简单却让人忘不掉的广告语，如脑白金的“今年过节不收礼，收礼只收脑白金”，又比如“果冻，我要喜之郎”等。这些广告语通俗易懂，却又突出了产品的卖点，就算不买这些产品，也会记住它。而如果要买这类，首先脑海就会想起他们的广告语。这也就说明，广告文案不需要多么的有深度，首先要通俗易懂，读来朗朗上口，能够一次性就给消费者留下深刻的印象。

对于企业来说，做“爆品”并不单单是要赢得一时的销量，而是赢得用户，并且获得较好的口碑，这样对于企业才能长远发展。小米的CEO曾经说过这样一句话:“在互联网效率的一代，首先你有没有能力做出爆品，这是最关键的，就是因为爆品意味着流量，就意味着口碑，就意味着销售额，就意味着效率。”要想如此，在做爆品的这个过程中，任何一点都不能忘记，哪怕是一句广告语。

4. 打造产品的差异化

对于这个问题，肯定有人会好奇: 为什么产品需要差异化?这个问题其实很好回答，商家的核心需求就是用户能够选择自己的商品或者服务，那么必然要为用户创造足够的价值。产品的差异化即在满足用户不同纬度的需求，创造产品“以弱胜强”或优中更优的局面，如此才能引导用户选择自己的商品。这个差异化可以体现在产品功能、价格、性能等多种角度上。

但是在打造商品时，也不可死磕差异化，而是要结合产品现状，建立出产品差异化的优势。

5. 建立客户信任感

信任感即个体对周围的人、事、物感到安全、可靠、值得信赖的情感体验。商家也需要为卖家建立信任感，肯定有人会好奇，为什么要这样?其实很简单，建立了信任感，卖家就会毫不费力地接收，一旦接受后，就算没有广告等出现，当需要这款产品时，卖家依然会第一个想到你。比如王老吉、老干妈等，想喝凉茶肯定会第一个想到王老吉，而想要吃辣椒酱时，很多人都会想到老干妈。这就是信任感，卖家相信，选择这些产品不用担心有任何风险。所以信任感是商家必须打造的，而打造信任感则需要从权威证书、消费者证言，以及相关的测试证明、数据、历史感，如果是入口的食品，最好还要有秘密配方。

6. 将产品做到极致

在日常生活中，我们会遇到事事追求完美的人，但在某样商品时，我们总会遇见一些无良商家，他们尽其所能偷工减料。拿到这样的商品时，一般人都会决定不再回购。所以商家想要打造一款爆品时，一定不能走这条路，而要将产品做精。所谓做精，并不是要投入很高的成本、很多的时间，而是在同样成本的情况下生产出品质更优的商品，如此才能做到人有我优，产品才能更有竞争力。

7. 包装要有吸引力

有的商家不看重包装，但其实包装也是非常重要的。现在有很多雷同的产品，想要凸显出它们的不同之处，就得在包装上下功夫。要使自己的包装更加有特色，这也是突出产品差异化的一方面。

线上销售的商品更应该讲究包装，因为当卖家购买了这款商品，它就需要经过运输环节，如果在包装上没有尽心，很有可能卖家拿到手时，这款商品已不是本来的模样。而如果这款商品有良好的包装，对于远途运输也有良好的承受力，并且包装的设计也非常有视觉冲击，那么卖家拿到手时的心情必然是不一样的。

出彩的包装设计能使商品更具选择性，能在众多商品之间留住消费者的目光并产生购买行为。

雷军曾说过这样一句话："在这无尽的黑暗中，只有爆品才能绽放一朵烟花，被更多的用户看到。几朵小烟火都不行，都会很快被黑暗吞噬。"要想绽放一朵被更多人看到的"烟花"，就更要真真正正地做好产品，只有好的产品才能赢得用户，才能成为众人眼中灿烂的"烟花"。

爆品生命周期的 4 个阶段

爆品都有属于自己的生命周期，有的商品长达多年，但也有的商品只是持续短短的一个季度。一款产品每个营销周期的长短主要由商家的运营情况来决定。

在这里，笔者简要介绍爆品的生命周期的几个阶段（如图 1-4 所示）。

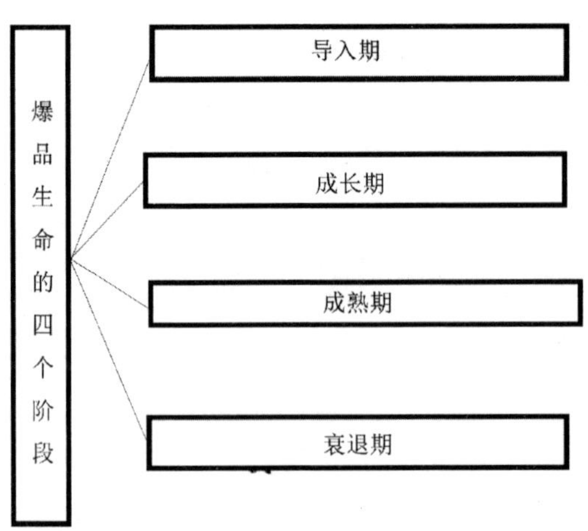

图 1-4　爆品生命周期的四个阶段

1. 导入期

导入期就是指商品刚上架的时候，这是个非常重要的时期。

导入期最主要的事情是检验消费者能否接受这款商品，并且确定这款商品能否成为爆品。在这个时期的转化率如果较高，那么就代表这款商品能成为爆品，接下来就可以为商品引入大量的流量。

这个时期最值得注意的是，一开始商家无须较大的投入来刺激流量，只需要保持基本的流量就可以了。

2. 成长期

成长期是商品流量和成交量增长最快的时期，商品能否成为爆品，主要看卖家在成长期的操作。

在这个时期，卖家需要增加在营销手段上的投入，加大对商品的推广力度，并且同时还要观察这款商品这个时期的成长速度，以免商品成长缓慢，而投入太多的情况。

3. 成熟期

在这个时期，电商平台系统会自动判定这是一款热销宝贝，电商平台的运营也会意识到这是一款爆品，会进行首页推广。在这个时候，卖家不能有任何松懈，在进行大力度的推广时，也需要留意一些活动，并尽可能地参加淘宝组织的活动，引入更多的流量，同时促进关联销售。

有很多商家在成熟期依然会专注于营销，但在这时也应该使顾客充分了解自己的店铺，留住回头客。

4. 衰退期

烟花绽放后总是会快速消逝在黑暗的夜色中，当爆品接近尾声的时候，成交量也会逐渐下降。在这个时候商家纵使维持前期的推广力度，流量依然会下滑。这就是商品的衰退期。

在这个时候，商家不能为衰退期的产品投入太多时间和精力，而要开始致力于挖掘新的、有潜质的商品。

02

产品凭什么能爆

爆品就是尊重消费者利益与精神诉求，做到极致的产品。时代在变，但人性从来没有变。那些令人趋之若鹜的爆品，“身上”总是散发出迷人的光芒：或功能领先于市场上现有的其他商品，或“颜值”特别高，或具有超高的性价比，或恰好戳中了消费者的情怀。

总之，成功不是偶然的，爆品也不是偶然的。

填补市场空白

市场是指各方参与交换的多种系统、程序、机构，是法律强化和基础设施之一，是买卖双方进行交易的场所。

普通的市场有两种意义：一是交易行为的总称，既指交易场所，又指所有的交易行为；二是普通的交易场所，如传统市场、期货市场、股票市场等。

市场又有广义和狭义之分（如图 2-1 所示）。

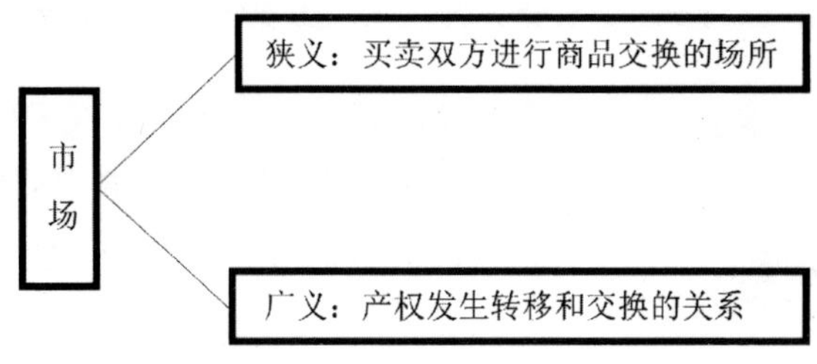

图 2-1　市场的狭义与广义

狭义的市场指买卖双方进行商品交换的场所。市场是商品交换顺利进行的条件，是商品流通领域一切商品交换活动的总和。

广义则是所有产权发生转移和交换的关系都可以称为市场。

市场会不断地发育和壮大，在这个过程中，将推动社会的分工和商品经济的进一步发展。通过信息反馈，市场又能直接影响人们生产的产品、产量，以及上市的时间，甚至是销售状况等。

与普通市场有所区别的就是空白市场。空白市场指没有人或很少人知道的市场，这样的市场往往大有所为。

无论是空白市场还是普通市场，决定其规模和容量的主要是以下三要素，即购买者、购买力、购买欲望。

空白市场最好的例子便是小红书 App。

截至 2019 年 7 月，小红书 App 的用户数已超过 3 亿人，价值超过 30 亿美金，入选美国《快公司》杂志评选的“世界最具创新精神公司”榜单，成为第三名，位居美团和阿里之后。

而鲜为人知的是，小红书也并非一夜之间有所成就的，它也是从极小的“点”开始做起的。

小红书 2013 年创建于上海，创始人是瞿芳和毛文超。那时，中文互联网各种如日中天的购物论坛又很多，做购物攻略稀松平常，几乎不会有任何出彩的机会。

在这样的情况下，创始人想进一步细分，做关于出境旅行信息的分享，结果发现这种平台也有很多，于是他们再进一步细分，认为购物信息分析这个极小的领域在市场上还是空白的。

就这样，小红书的第一个产品形态只是一份 PDF 文件，它的名字叫作“小红书出境购物攻略”。这份文档被放在小红书网站上供用户下载，不到一个月的时间，文档被下载了五十万次，

这突然的火爆，验证了两位创始人最初的猜想：出境旅游

信息分享的平台虽然有很多，但是分享海外购物信息方面依然是空白。二人据此猜测，这会是一个很好的机会。他们决定放手一搏，于是，2013 年的圣诞节前，小红书 App 在苹果手机应用商店里上线了。它主要聚焦在海外购物内容分享上。

可以说，二人选择推出这款程序的时间点是非常好的，因为这时恰逢北美的黑色星期五（美国商场的圣诞促销），让这款 App 顺利完成了前期种子用户的积累。

春节是出境旅行的高峰期，在第二年的春节，也就是 2014 年，苹果应用商店推荐的海外购物相关的 App 中，第一个就是小红书。在七天的春节小长假里，小红书凭借其差异化的内容，迎来了第一次爆发式的增长。

就在这个时候，在小红书社区分享旅行与美食的用户也越来越多，更难能可贵的是，两位创始人经过细致认真的分析，克制了做“代购”和做内容延伸的诱惑，仍然聚焦于“购物类的内容分享”，为用户制造无可替代的购物体验。

这时恰好是网站 A 轮融资，须要众人觉得“漂亮的数据”。但两位创始人守住了底线，抵制了诱惑，以认真做好“海外购物内容分享”为基准认真经营着小红书。他们为了保证内容的质量，还设计了一款系统，将与真实购物体验不相关的内容将权、隐藏，甚至删除。

2014 年时，越来越多的精准用户加入了小红书社区，而小红书作为专业海外购物分享社区的口碑也被引爆了。它成为购物内容分享领域的一面大旗。

2015 年，创业不到两年的小红书进入了 10 亿美元估值的独角兽名单，也获得各路风险投资人的青睐。在 2018 年，阿里巴巴集团领投的超过 3 亿美元给了小红书，其估值甚至超过了 30 亿美金。

创始人毛文超曾说过这样一句话："未来小红书也许不会再是现在的样子，但它一定会取得成功。"从小红书这个例子，我们也可以看出，要取得成功，就要寻找市场的空白点，找准机会，这样才能做到人无我有，人有我精。

无论是互联网产品还是实用性商品，都要找准市场的空白点，并且寻找恰逢其时的机会，才能打造出真正的爆品。

单项功能特别突出

每一款爆品都有自己的独特之处，要么如小红书一般填补了市场的空白，要么有某项特别突出的功能，或者是明显优于其他产品的地方。Instagram（照片墙）即是单项功能特别突出的一款爆品。

Instagram 是一款移动端上的社交应用（如图 2-2 所示），它以快速、美妙和有趣的方式将你随时抓拍下的图片彼此分享。但最开始的时候，Instagram 并不仅仅是"照片墙"这一个功能。Instagram 的前身是一个叫作"Burbn"的基于位置的社交网络。是由创始人之一的凯文·西斯特罗姆根据他最喜欢的波旁威士忌（Bourbon）命名的。

图 2–2 Instagram 图标

Instagram 也有两位创始人，一位是凯文·西斯特罗姆，另一位是迈克·克里格。两位创始人最开始的想法是，如果刚开始这款软件就有许多功能，就会让人有无从下手的感觉，于是西斯特罗姆决定，专注于这款软件的某一项功能，将其做精，做细。

他们通过前期的数据分析发现，这款产品的很多功能无人问津，只有一处例外，那就是照片。两人立即意识到，这可以成为这款应用的突破点。

就这样，两人将这款功能的照片、评论、点赞功能留下，其余的纷纷砍掉了。精简之后的 Burbn 有了新的名字，即 Instagram，简称 IG。

迈克·格里格说："如果当时我们想要将各个方面的事情

都做好，那么我们可能会因为什么也做不了而瘫痪。”也正是两人当时精准的目光、果断的决策才能有 Instagram 的今时今日。

Instagram 的案例告诉我们，当专注于某项功能的设计研发时，一定要集中精力，不能求多，而是求精。常言道，一心不能二用。一个人，就算有再强大的本领，同时做两件事，精力也会被分散，如此，将两件事都做不成。

专注研发设计的人更应该有如此的觉悟，只有专注于某项功能，才能让自己的产品有独特的闪光点，就这一点，或许就能成为众多商品中最与众不同的一点，就能赢得众人的欣赏。

唯有产品有突出的点，有与众不同之处，才能吸引大量的消费者，才能打造出真正的爆品。

外观设计点燃视觉审美

人是视觉动物，所以在设计产品时，还应考虑到外观的重要性。也有人会问：外观好看就一定实用吗？

虽然好看不一定好用，但一般的人会认为外观好看的更好用，还有的人会认为，只要外观好看，就算功能和质量方面有瑕疵，那也是能理解的。这就是“好看，即好用”效应。

“好看，即好用”效应解释了这样一个现象：具有美感的设计要缺少美感的设计更加实用。

日立（HITACHI）（如图 2-3 所示）是日本的全球 500

强综合跨国集团，在中国已经发展为拥有 150 家公司的企业集团。1995 年，日立设计中心的研究人员黑居正彦和樫村佳织对 26 种 ATM 的界面进行测试，要求 252 位被试者对界面的实用性和美观度进行打分。他们发现，“感觉很好用”与“设计得很美”之间有着较强的相关性，而“设计得很美”与“真的很好用”之前的相关性则比较弱。

图 2–3　日立（HITACHI）LOGO

这使他们得到了一个结论，即用户试图评估系统的底层功能，但他们也会受到（任何给定）界面美观性的影响。

在《情感化设计》(Emotional Design) 一书中，唐纳德 · 诺曼 (Don Norman) 也深入探讨了关于“实用性”与“美的设计”的概念，因为这两点在日常生活中几乎涉及了方方面面。

但就一般情况而言，更具有设计感的产品会让人觉得有较强的实用性，这也就使这个产品在生活中被频繁使用，但实际上是否是这样的，就不一定了。而与之相反的是，实用性强，但设计感差强人意的产品的接受度会降低许多，甚至它的优点——实用性，也会遭到一定的质疑。

也有研究表明：第一印象较好的产品会影响用户对质量和使用的态度。这种认知甚至会在随后与产品的交互中产生偏见，通常不愿意被改变。

也就是说，一个产品想要得到用户良好的使用体验，优秀的外观设计是必不可少的。

这一点在心理学中有一个类似的现象，叫作“首因效应”。首因效应由美国心理学家洛钦斯提出，指交往双方形成的第一次印象对今后交往关系的影响，即先入为主带来的效果。虽然第一印象并不一定是正确的，但却是最牢固、最鲜明的，并且决定了以后双方交往的过程。

虽然首因效应多指人际交往，但在人与物之间，也会有一定的影响。

比如消费者大多喜欢好看的商品，就算这个商品由一些微小的质量问题，但它拥有具有设计感的外观，就可以被消费者包容。最明显的例子就是苹果公司推出的系列产品，虽然它们都或多或少有一些缺陷，但消费者却愿意花更多的钱去购买它们。如果将其他外观设计逊于苹果公司的产品相比，这些缺陷均是无法忍受的。

虽然具有较好的设计感能促使消费者消费，但不能忽略的一点是“实用”，虽然“好看即好用”，但不能将所有重心放在“好看”上，而忽略产品的本质“用”。“好看即好用”只是说，打造一款爆品时，外观设计也是很重要的，比如苹果公司的产品，外观好，虽然产品也有微小的缺陷，但其“实用”功能也不输其他产品分毫。

一款产品想要成为爆品，并不仅仅是需要外观而已，而是在质量、性能等有所保障下，再有比较好的外观设计。如果性能和质量无法满足消费者，仅有外观，那这产品没有任何生产、销售的意义。

企业需要做的，则是根据市场数据分析，生产出能够满足消费者使用要求，且质量好的产品，满足以上条件，再为它设计一款姣好的外观。只有这样，才能在同类型的竞争中脱颖而出，才有可能成为爆品。

让用户尖叫的超高性价比

性价比指的是性能值与价格值比，是反映物品可买程度的量化的计量方式。性价比又被称为性能价格比，也就是性能与价格的比例，二者间的具体公式为：性价比 = 性能 / 价格。

一般情况下，性价比是建立在消费者对产品性能要求的基础上的，所以只有先满足了性能要求，才能看价格是否符合消费者的心理定位。

对于消费者来说，购买某样产品，性价比是比较重要的。当消费者要购买某样产品时，会预先对这个产品的价格、类型、使用范围等进行了解，经过多方对比筛选，最后再结合自身的情况选择一款最适合的产品，这款产品必定是质量好、使用范围广，对于消费者来说也是最划算的。这就是所谓的性价比。

关于这一点，小米的插线板就是最好的例子。

插线板在当今是高频使用的物件，但是它的技术含量却并不高，而小米的这款插线板却能在小米产品中起到“高频打低频”的作用，这就是突出它性价比的一点。

小米公司为了做这款插线板，特地与北京突破电器公司进行了深度合作。突破电气是插座行业 20 年的老品牌，产品的品质和研发的能力一直处在行业地位，并一直保持高品质、高质量。此次和小米公司在 2013 年，共同投资小米公司的生态链青米科技做插线板。

雷军一直提倡智能梦想家居，他希望能做出一款性价比超高、外观精美的插线板。这款插线板不仅要有 USB 接口，还能直接接入电子产品，当作充电器使用。而小米的这款插线板自从 2015 年 4 月 8 日“米粉节”首发以后，不到三个月的时间，销量高达 100 万只。

这款插线板具有优秀的研发团队及产能支持，可谓是拥有着超高性价比，一上市便抢占了插座市场的鳌头。正是这种产品，对于消费者才有非常强烈的吸引力。

同样具有高性价比的产品还有宜家家居。

宜家家居的产品不仅仅性价比高，而且还有着独到的美学主张，能吸引很大的客流量。比如宜家家居的煎锅售价仅 9.9 元（如图 2-4 所示），拉克桌最低时的售价仅 29 元。

图 2-4　宜家施德佳煎锅

同样以超高性价比吸引客源的还有美国一个叫 Hukkster 的网站。

Hukkster 的最大优点是满足消费者“货比三家”的心理。当消费者需要在网上购物时，安装 Hukkster 浏览器插件，再去平台选择中意的产品，添加收藏，之后这款产品价格浮动消费者都能收到通知，然后在最优惠的时候选择购买。它就像一个购物追踪器，能把消费者把握住价格浮动，等待最优惠的时间。

使用 Hukkster 的人数高达数百万。我们有此也可以看出消费者对于性价比的关注度。

要想所做的产品成为爆品，就一定要有超高的性价比，这样才能在许多产品中脱颖而出。就如小米公司的插排，明明是很普通的差点，但是它的性能满足了大众需求，性价比也非常合适，再选择适当的时间推出，如此才能赢得一定的市场。

打造一款产品，性价比是重中之重。

刺激消费者为情怀埋单

今天人人都在谈情怀，但是否有人知道，情怀究竟是什么？它存在的意义是什么？它究竟有什么样的作用？

每一代人都有属于自己的情怀，小时候玩过的游戏，读书时学校周围的美食，青春期喜欢过的人，那些年自己走过的路……当这些过往某一天突然在脑海中出现，如电影一般在眼前一帧一帧地闪现时，你的鼻子会突然发酸，眼睛会突然湿润。这，就是属于你的情怀。

情怀是属于自己的那份记忆，是能让这个世界显得更加美好的愿望。而眼下，情怀是一种营销手段。在很多产品的文案里，我们都能找到与情怀有关的字眼。

现在就拿当下较火的产品来举例。

江小白的文案：美好的爱情大都相似，不幸的爱情成了故事（如图 2-5 所示）。

网易云音乐线下体验店的文案：我不喜欢这世界，我只喜欢你。

甚至就连杜蕾斯也来插了一脚，它的文案是这样的：你在时，你就是全世界；你不在时，全世界都是你。

图 2-5　江小白宣传海报

都很唯美，有一种淡淡的文艺腔。抛却商品不谈，光从文案上来看，是有一定吸引力的。

现在同类商品越来越多，消费者对此也开始审美疲劳，于是，情怀开始频繁出现，以情怀为支撑的商品更容易受到消费者的青睐。而情怀的主题，则是迎合现代消费主力军的 80、90 后，去迎合他们童年和青年时期的记忆，唯有如此，才能促使他们消费。

就拿之前火遍北京、广州、珠海、厦门等城市的“旧物仓”，打出的口号即“每一件旧物，都有一个故事”，号称是最具情怀的展览。

小时候奶奶家客厅的皮沙发、爷爷的大茶缸，家里的旧缝纫机、大衣柜、爸爸骑着的二八自行车，还有花瓷盆、旧电器、装饰品等，据说收集了上万件城市旧物，全是 80、90 后的童年回忆。

大白兔奶糖是中国大陆上海冠生园出品的奶类糖果。1959 年开始发售以来深受各地人民欢迎。它的商标是一致跳跃装的白兔，形象深入人心。在 2019 年，大白兔奶糖进行了 60 周的全国巡展，进入各大购物中心，延续了国潮情怀。

大白兔奶糖作为中国几代人的童年记忆，在 60 周年这个大前提下，自然引起了几代人的回忆，大家也就理所当然地为自己的情怀埋单。而大白兔的周边、展览等，则被各大集团的购物中心争先抢购版权。

腾讯 QQ 也与大白兔奶糖一样，伴随一代人从童年走向了中年。QQ20 周年时，也策划了主题展览。

在 2019 年 5 月，虹桥南丰城携手腾讯 QQ，打造了 20 周年特展——Let’s QQ Party。QQfamily 六位成员全体登陆虹桥南丰城，QQ 携手呆萌 BabyQ、暖男 Dov 多福、傲娇 Oscar 奥斯卡、歌手 Anko 安子、捣蛋鬼 Qana 卡纳打造“甜蜜、梦幻、趣味”的甜甜派对，吸引了大量 80、90 后前去打卡。

而 2019 年的 6 月到 10 月，“QQ 更好玩”20 周年主题展在深圳福田星河 COCO Park 落地。现场恢复了 QQ 与童年时期的记忆，并且还有时空隧道，使经历了那一时期的人再次体验回到过去的那些日子，使“情怀”得到再一次展现。

可口可乐拥有百年的历史，它也能促使一大波消费者对此进行情怀消费。比如 2019 年 7 月，澳门威尼斯人举行的“年代故事经典回味”展览，庆祝可口可乐在澳门成立 70 周年。

并且在 8 月 17 日到 10 月 7 日，可口可乐的世界展又空降到成都的悠方购物中心，打造了三大主题世界，在此展示可口可乐的百年演变形态。

旺旺集团的旺仔在 2019 年 6 月也举行了旺仔 40 周年展览，56 个民族图案设计的巨型牛奶罐在外广场排列，还有各种经典零食、周边、新品，不仅引发了一批人的怀旧情绪，还引起了众多孩子的关注的。

以上这些案例均是以“情怀”为出发点，但并不仅仅是引起“情怀”而已，而是以此来推动产品销售。这些具有“情怀”的意义，能使人在一瞬间为其感动，或许对于别人来说，它只是一颗大白兔奶糖，只是一罐旺仔，但对于那一部分人来说，它是回忆，是青春，是那忘不掉的曾经。

虽然流行的元素在不断变化，但消费的主旨不会有变化，作为商家，更需要去研究消费群体，了解消费群体的兴趣，并从消费者的角度去考虑，只有如此，才能为消费者提供更好的产品，才能拉近商品与消费者之间的关系。

当商家真正地了解了消费者的想法，那么距离打造爆品就不远了。所有的爆品均不是轻易得来的，譬如旺仔，想要赢得这样的市场，不仅仅是抓住已有的消费者，更要开拓新的市场，如此才能引发商品的爆点，才能带动商品的火爆销售。

03

用广告引燃爆品

“酒香不怕巷子深”的时代早已过去，任何一个产品想要获得市场的认可甚至获得消费者的追捧，都要做大量的广告。

广告就像一条导火索，吸引消费者沿着它找到心仪的商品。引燃一个火爆的广告，也就等于引爆了广告背后的产品。

广告做得好，产品火得早。

那么，什么样的广告才能够最大限度地点燃爆品呢？这一章我们就来解答这一问题。

用标题吸引人关注

在信息飞速发展的今天，越来越多的人将内容总结为一句话，于是，就有了“标题党”，无论是手机还是网页，都有各种各样吸睛的标题。令人惊讶的是，有的标题几乎用几个字就涵盖了整件事情的脉络，也有的内容与热点无关，但标题却巧妙地将二者关联了。

这便是吸引读者注意力的一种方式——利用标题和各种劲爆新闻吸引读者点进去。因为如果以传统方式就事论事，几乎很少有人会选择点进去看。

注意力在今时今日是比较稀缺的资源，当一个人上一秒专注于一件事时，很可能下一秒就被其他事情分散了注意力。但也有人解释过，吸引是情不自禁的。而对于产品的文案来说，最重要的就是标题，标题具有一定的吸引力，才能使消费者情不自禁地去阅读内容。

当下是信息爆炸的年代，读者并没有很大的耐心去寻找触动他们的点，有人总结过，打开一篇文章，如果在两三秒之内没能留住读者的目光，那么就算你的文章精彩绝伦，他们也不会留下来。所以做文案宣传，首先要有留住消费者的点，这个点便是标题。如果一篇广告文案，不能在三秒内使人点开，那么这篇文案永远没有上场的机会。

有美国广告大师这样分享过自己的观点：如果给我五个小

时写文案，我会花三个小时想标题。这就是对于注意力稀缺时代最好的注解。我们也可以从中看出标题的重要性。

但其实在我们的日常工作中，有很多从事文案写作的人并不注重标题，他们可能用两个小时写了这篇文案，但标题在几分钟内就解决了。这留住读者眼光的可能性少之又少。

既然标题如此重要，那怎样写标题才能抓住读者的眼球呢？

在这里，我们总结出五种标题类型（如图 3-1 所示），并写出这些标题的句型。根据经验总结，使用这些模版写出的文案的阅读量会高于普通文案的百分之三十以上。

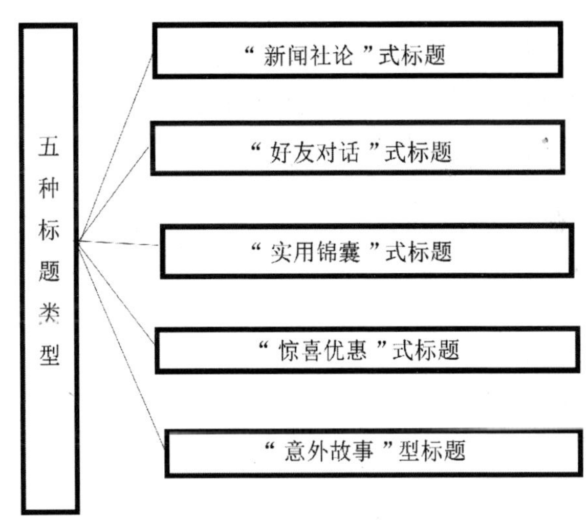

图 3-1　五种标题类型

以下是这些标题的介绍。

1. “新闻社论”式标题

相比五花八门的广告，人们对于新闻总有一种先天的信任感，对其也多了一分喜欢。所以在做文案宣传时，我们可以给文案穿上新闻的外衣，使文案在有趣、及时之外更多一分权威感，以吸引更多的关注量。

要想写出新闻感，且能得到一定阅读量的广告标题，仅需做到以下三步（如图 3-2 所示）。

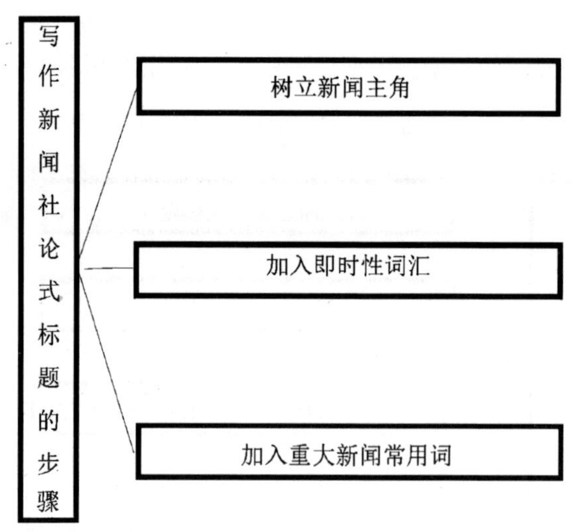

图 3-2　写作新闻社论式标题的步骤

第一步：树立新闻主角。

如果你的产品品牌不是家喻户晓的类型，甚至是不太有名，那最好不要将自己家的品牌作为文案主角，而是要根据自身产品类型去捆绑其他的热点事件或者是热点人物。如，将自己的产品与明星人物、明星企业，或者是新闻焦点等关联起来。

第二步：标题中加入即时性的词汇。

所谓即时性词汇，如今天、现在，也包含当年的年代、节庆假日，甚至是当时等等。之所以这样，是利用人们关注时事热点这一方面。

第三步：加入重大新闻的常用词。

重大新闻常用词会使读者有“大事将要发生”的紧迫感，在标题中加入这样的词汇会使读者在第一时间绷紧自己的神经。这些新闻常用的词汇包括新款、全新、最新到货、上市、宣布、引进、蹿红、曝光、终于、突破、发明、发现等。

2. “好友对话”式标题

在一般情况下，当一个人对另一个人讲话时，普通人都会根据对方的问题做出回应，这是每个人的基本礼貌和素养。而文案广告中的“好友对话”则正是利用了这一点，掌握好提问的方式与内容，能更高地激发高阅读量的广告标题。

那么要怎么样才能写出这种“好友对话”式的广告标题呢？在这里我们也分成了三个步骤（如图 3-3 所示）。

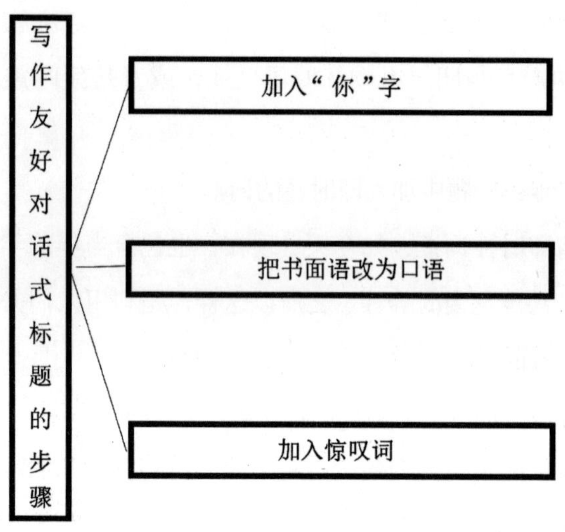

图 3-3　写作友好对话式标题步骤

第一步：加入“你”这个词。

在日常对话中，几乎所有人都会更加在意谈话的内容与自己的关系。所以适当加入“你”，会让读者觉得与自己的切身利益相关，能够容易引起读者的关注和兴趣，以此将他带入文章中会更加容易。但需要注意的是，加入“你”的方式需要注意，而不是随便加入，要以能引起人的兴趣为前提条件。

第二步：把所有的书面语改成口语。

聊天时一般人不会使用书面语，过多地使用书面语甚至会被人排斥，因此在标题中，要适当使用“好友对话”式的标题，而且要配合口语，这样能快速拉近与读者之间的距离，对于文案能有助益。

第三步：加入惊叹词。

对于惊叹词的使用能够起到很好的传染和吸引的作用。这便是惊叹词的功效。因为人都是有好奇心的，当标题中加入惊叹词，能引起一定的注意力，读者会情不自禁地将目光移动过来。如“小心！”“注意！”“牛！”“羡慕吧！”“我惊呆了！”等等，这些词一般搭配感叹号，适当地搭配能起到加分效果。

3. “实用锦囊”式标题

在日常生活中，我们每个人都有着自己的烦恼，而更多的烦恼源于自身原因，有可能是个子矮，也有可能是趋于肥胖，还有可能是皮肤黝黑或者是表达能力不强。没有人的生活是十全十美的，也没有人一切都是称心如意的。这个时候，在广告标题中如果能直接切入要害，直指读者内容的烦恼与困惑，就能迅速地引起他们的注意力。

让读者意识到“这说的不就是我自己吗”，在这个时候，他们有可能就会带着这样的想法去点开文案，而标题这个时候需要做的，是立即给出解决的方案。这样会使读者点开内文的概率大大提升。

这类标题给人一种“雪中送炭”的感觉，让遇到问题的人有“解决问题”的机会，这便是“实用锦囊”的功效。但是，具体的“实用锦囊”应该如何写就呢？怎么样去挖掘它才能具有一定的实用性呢？

我们分成了两个步骤进行解答（如图 3-4 所示）。

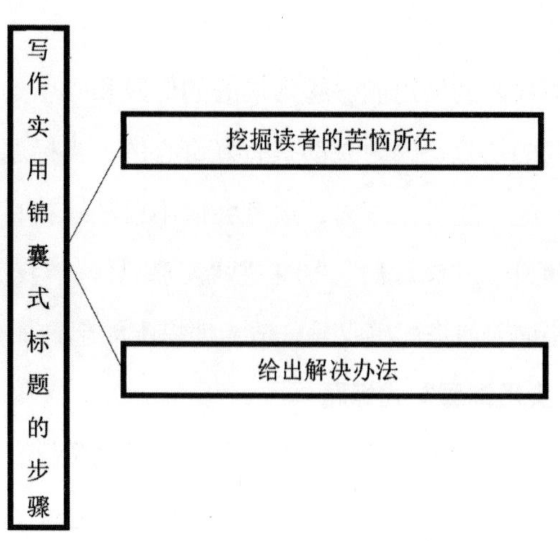

图 3-4　实用锦囊式标题写作步骤

第一步：挖掘读者的苦恼所在。

文案要直至痛处，那么就需要去挖掘，不仅要去挖掘，还要将它以最直接的方式描述出来，要让读者有一种没有余地的迫切感。就以表达能力不强为例，在标题中描写这一点时，不能说“演讲不好”，这会使读者觉得“没关系，每个人都有缺陷”或者“这也没什么”，要清晰明确地说“一上演讲台就紧张忘词”，这样鲜明直接会让有这类缺陷的人不自觉地对号入座，会情不自禁地去寻找答案。再如针对身体发福这种类型，不可以说“身体发福”，而是要说“肚子上一一圈又一圈赘肉”，这样才能有画面感，才能让读者有切身的体验。

第二步：给出好的解决办法。

对于这种“实用性的锦囊”，当你挖掘出了读者的痛点，并且直指痛点后，一定要让他有“我的烦恼有人懂”这种感觉，并且让他明白，看下去能得到更好的解决方式。只有这样，读者才有兴趣将注意力完全地放在文案中来，而不是看过就忘记了。

写作文案时需要记住的是，当你提出问题，引发读者的兴趣后，一定要让读者知道，唯有读下去，才能知道解决的方式。

在这里，你可以给读者一个解决问题的方式，并且为他描述问题解决后的效果，甚至还可以为他列举你所知道的解决方式。

最好的方式是引用权威专家的方式来解决读者的苦恼，这样才能持续性地引发读者的兴趣。面对具体问题 + 破解方法这种标题，万不可泛泛而谈，也不可以根据自己揣测去写一些可有可无的结局，一般的读者对于无根据的结论会选择相信权威专家。

4. “惊喜优惠”式标题

现在不论什么行业，每逢节假日都会有促销活动，甚至没有节假日，也会创造活动搞促销。这类关于促销的标题是我们最常见、也最常写的类型。

在写这类标题的时候，很多人会在标题里加煽情的口号与促销的政策，但这样做实践证明效果并不理想。

人都有一种占便宜的心理，但人也都是精明的，在滞销产品和旺销产品之间，大多数人都会选择旺销产品，所以只有畅销的产品在做优惠时才能引起人们购买的欲望。基于这一原则，当你在写这类广告标题时，一定要按照以下步骤进行（如图 3-5 所示），不要盲目加入促销的政策与口号。

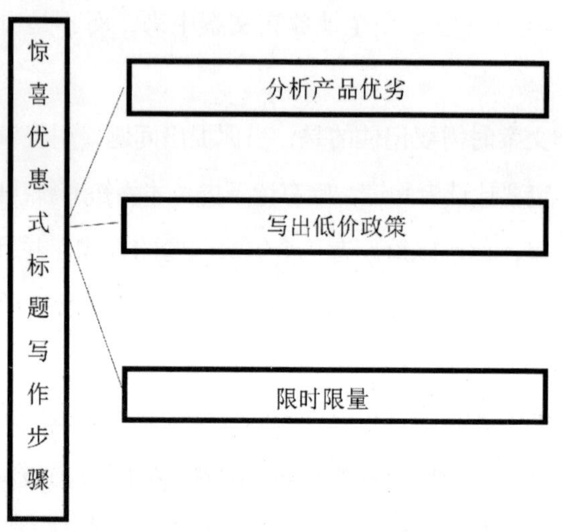

图 3-5　惊喜优惠式标题写作步骤

第一步：分析产品优劣。

有促销，那么首先第一步应该要告诉消费者产品的亮点，即销量、功能等，并在产品的类型、人气及代言等方面做宣传。并加一些修饰性的宣传词汇，如年度人气王、销量冠军、畅销十年等。一定不能小看这些修饰词汇，合理运用能为文案加不少分。也有一些消费者他们会在意是否有名人推荐，如果这个产品有，这一点一定不能漏掉。

第二步：写出低价政策。

在写优惠力度时，不能笼统地写“大促”“优惠”等词汇，而是要直接写出具体的优惠政策，甚至与平时的折扣做对比，直接写出现在的价格。这样会显得更加直观。这类词汇可用“100元抵200元花”“省80元”等有冲击力的，这更容易让客户将心动变为行动。

第三步：限时限量。

有了前面两个步骤，可能勾起了消费者的购买欲望，但可能还没有确定是否要购买。相对于得到，人们更在意的是失去。针对这一点，就需要在广告标题里营造出产品的稀缺感，这就要告诉消费者，这样产品不仅是限时的，还是限量的，如果不马上行动，可能就会被别人抢了先，或者是错过了优惠的时间，就此错失机会。这会使消费者有一种“害怕失去”的情绪。这类可以参考淘宝的“今日包邮”与定时折扣。

5. “意外故事”型标题

英国文学批评家泰瑞·伊格顿说过这样一句话：“大多数人阅读小说和故事的理由在于：读起来轻松愉快。这个事实昭然若揭，所以几乎不曾被提起过。”

是的，人类喜欢读故事。这是一个保持了数万年的兴趣。人之所以喜欢读故事，并不是因为没事干，也不是因为无聊，而是根植于故事对我们的特殊意义。

可以毫不夸张地说，人类离不开故事。正因为如此，我们的广告标题也可以包装成故事标题，这样对读者的吸引力将会增大许多。

可能有人会问，那我们需要怎么样的故事？是不是需要现编？

故事来源于生活，关于产品的故事，我们可以采访品牌创始人，或许在有的人看来，那就是千篇一律的创业故事。

其实不然，在他的创业的这段经历中，必然有离奇的故事存在。还可以采访这款产品的忠实客户，了解他一直以来的支持背后是否有更深的原因，挖掘他使用产品后的一些感想。当你收集了这些素材，便可将它写进标题里。

这类故事标题一般存在两种写法，这两种写法分别是两种来源，即源于创始人的创业故事，源于顾客的使用感想。

关于顾客的故事有可能会使读者生出疑问，并急于在同类人身上去验证。这就需要你写出一条精彩的关于顾客的故事，如此才能使故事更具有信服力，才能拨动读者的情绪。

描写这类故事依然氛围两个步骤：第一步，描述糟糕的开始；第二步，展现完美的结局。

“糟糕开局”与“完美结局”形成了强烈的反差，之所以这样写，主要有两个好处：一是有反差才能推动故事的情节，才能引发读者的好奇心；二是当读者开始“糟糕开局”后，会情不自禁地产生一种优越感与怜悯感，从而有看下去的欲望。所以用这类手法来写文案时，要突出以上两步。

但也有一些产品使用顾客的故事得不到很好的效果，甚至有可能起到反效果。所以写故事时，还是需要根据产品的类型来决定写哪一种故事，如果不适合写顾客的，那么就可以写关于创始人的创业历程。

故事写得好能直接影响产品的销量，但有一点必须注意，创业故事与顾客的故事不同，创业故事最重要的就是在标题中制造强烈的反差。反差越大，越有读者愿意一探究竟。那么，究竟该怎么用制造反差呢？我们从以下几处分析。

一是创始人学历和职业反差，比如“北大高才生卖烧饼”。

二是职业与收入的反差，比如“卖煎饼大妈月收入三万”。

三是创始人年龄反差，比如“50 岁开始创业，65 岁身家过亿”。

四是创始人境遇反差，比如“曾经的富商沦落到睡天桥下”。

上面讲到的几种反差看似噱头，实则会让读者产生各种各样的疑问，在疑问的推动下，他们会情不自禁地点进正文寻找答案。这就是创业故事标题中反差的威力所在。

要激发读者的兴趣，就需要有好的标题，如此才能留住读者三秒钟的时间。只有被标题吸引了，读者才愿意点进正文浏览。这样才算是实现了爆品的第一步。虽然这只是标题，但它并不仅仅是标题，在这里：标题 = 爆品第一步。只有读者点击标题，才有成功的机会。

用内文打动消费者

什么样的广告文案能改变企业的命运？文案真的可以成就一款爆品？文字真的能够掌握消费者的情绪？文案的力量真的

有那么强大吗？

顶尖文案的关键处在于让消费无法轻易走开。今天在这里，笔者将和大家分享如何用文案激发消费者的下单欲望，留住消费者的手与眼，让消费者“心理长草”（如图 3-6 所示）。

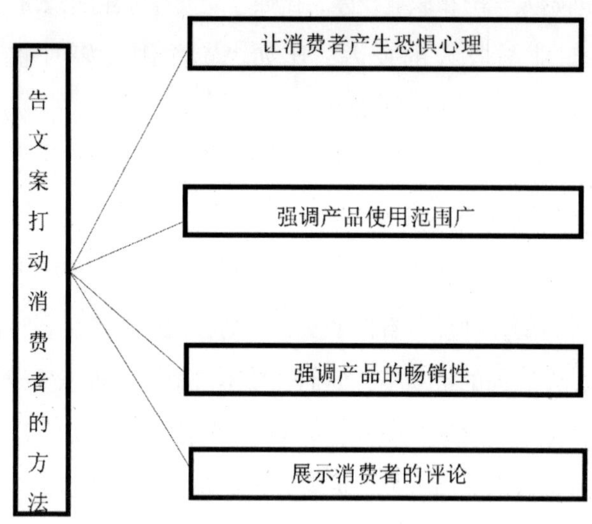

图 3-6　广告内文打动消费者的方法

1. 让消费者产生恐惧心理

在这里我们以除螨产品为例子。如果我们要做一款除螨产品，那么首先需要给消费者讲述螨虫对人物的危害。

螨虫侵入人体首先回引起局部异物反应，然后局部便会发炎，甚至病变，如毛脂器官堵塞，毛囊扩大、毛囊营养不足、毛发脱落等，甚至还会刺激角质层增生，引起一系列问题。还会导致皮脂过度分泌，整个人看起来就会油光满面的。

当螨虫侵入睫毛毛囊和皮脂腺内时，则有可能造成眼睑缘发炎，导致睫毛脱落。螨虫对头发也有很大的危害，毛囊螨会吃掉发根的毛根壁，吸取共给毛根的营养成分，使头发的根部变细、动摇，直到开始脱发。并且头屑还会增多，导致头部瘙痒、头发粗糙等原因。

螨虫的危害还不仅仅于此，它还会对皮肤造成危害。它会在皮肤里吸取营养成分，刺激毛细血管以及细胞组成，使皮肤一步步走向恶化。皮肤里的螨虫会加速黄褐斑、雀斑、黑斑等色素的沉着，甚至会加速细小皱纹的产生，还会导致粉刺、痘疤、痤疮，会使皮肤变得粗糙、角质层变厚，最终还能形成瘙痒症、红血丝等症状。

螨虫还能引起一系列的过敏性反应。我们生活着的室内空气中，每一克空气中能有数十甚至数千只螨虫，种类高达四十种。有人为了找出过敏性皮肤炎的原因，经过测试结果发现，百分之五十以上的人对螨虫呈阳性反应。

当细数了螨虫的种种缺点之后，再提出一般人对于螨虫的处理方式。

除螨最常见的方法便是在晴天晒被子，但这并没有科学依据。晒被子能得到的好处是将被子中的湿气去除，并不能将螨虫杀死。但晒被子也并不是对螨虫毫无影响，被子里的湿气去除后，螨虫就没有了生存的环境，所以会选择逃离。但是单纯依靠晒被子除螨虫并不可行。

列举了一般家庭除螨的方式后，再使用推荐的除螨产品进行多方面的描述。

在这个时候，这种写法必须具有相关专业的学科背景，且提出的解决方法要有一定的权威性，有专家证言或者是科学依据，万不可泛泛而谈。唯有如此才能真正打动读者。

2. 强调产品使用范围广

在强调使用范围时，为读者描述多种使用场景，会让读者有惊喜的感觉。这便是场景描述的魅力。这有助于刺激读者购买产品。

多场景会给读者一种“这里不用那里还能用”的感觉。很多人购买了某样东西不久后就会闲置，而多场景的描述就能给读者这产品很有用、不会闲置的感觉。当他的购买欲望被刺激后，他会幻想自己使用这款产品，从中收获到快感。

产品推广还应推测出这类产品使用者每日的形成，譬如他的工作完成后、周末、小长假等会做些什么，再将产品植入这些场景，使读者在看产品文案时能讲自己置于其中。最好的例子便是喜之郎果冻。

喜之郎果冻的广告词是：“休闲娱乐来一个，婚庆节庆来一个，开心时间来一个，全家团聚来一个，喜之郎，多点关心多点爱。果冻，我要喜之郎。”喜之郎不仅将产品植入了平时的生活场景中，并且它的广告词也有着朗朗上口的韵律看，使人很轻易地将自己带入其中，甚至是在相应的场景下会不自觉地想到喜之郎的产品。

喜之郎果冻就是一个成功的广告文案。

3. 强调产品的畅销性

在本书的第一章，我们提到了消费者的从众心理。这种心理无处不在。当一种产品十分畅销的时候，人们无论是否会用到这个产品，都会不自觉地产生想要购买的欲望。就连心理学试验也证明了这一论证，百分之七十四的人会受到从众心理的影响。

恰当地利用人们的从众心理，不仅可以激发消费者购买的欲望，还能在后期产品的销售中得到消费者的信任。

而不同的企业对于从众心理的利用也是不尽相同的。中小企业想要很好地利用从众心理，那么最好的方式就是描述产品热销的局部现象，如以回头客多或者销量高、产品被同行模仿等方式为消费者营造出一种火爆的销售氛围。大企业则列出产品的销量、用户使用量、好评等数据，从这些数据中体现自己是行业领军的地位，能更好地激发出消费者的购买欲望。

4. 展示消费者的评论

从已购买的订单中精选出几条能够打动人心的评论，以此来激发潜在客户。精选的评论最好是能够展现产品的优势，让消费者感受到产品的优点，并且能让人为之一动。

已购订单的评论能促使潜在顾客消费。因为消费者对于同样的消费者有一定的信任感，当看到别人留下好评时，犹豫中的他们能更加容易下定决心购买。

用流行热点为爆品加把火

流行热点，即因特别因素引起全民关注讨论的某种现象。对于某些企业或品牌来说，加入流行热点，能与用户产生互动，增加品牌的存在感，使销售量得到一定增长。

1. 借助流行热点打造爆品的方法

关于如何借助流行热点打造爆品，以下的两个方法均值得借鉴（如图 3-7 所示）。

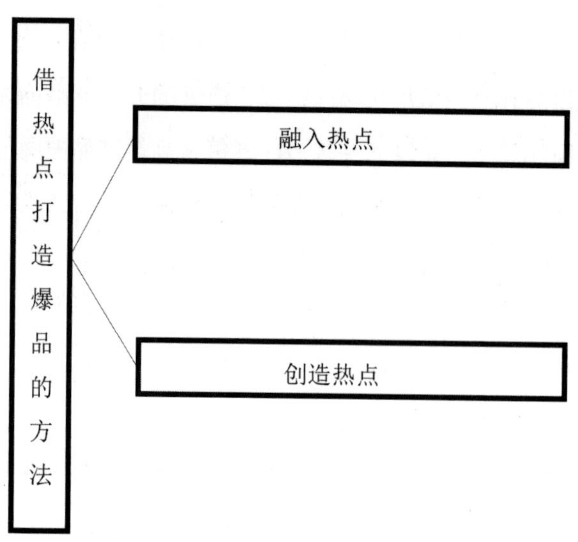

图 3-7　借助流行热点打造爆品的方法

（1）融入热点

在当下，每一年都有很多热点，所以要提前做好产品的预

设，否则遇到合适的热点时产品的特点还没有准备好，这就会错失机会。所以对于热点，一定要有“机不再失，失不再来”的心态。

就拿每一年都有的开学季和高考季来举例。每年这些时候都会出现相关的热点，这些热点几乎也是全民参与。所以对于这类热点要有一定的把控度，产品是否要参加这类热点，是否会关联宣传，预期是什么，产品的特点等都应提前有所计划。

关于这类热点，晨光文具几乎包揽了这些节日的热地，并且每一次都能给人耳目一新的感觉。每一次都成功地将品牌文化和产品性能完美地推广给消费者，并促使消费者主动消费。

晨光文具借助热点的方式也是非常巧妙的，它选取了学生和父母的共同经历，将二者的回忆相结合，利用怀旧营销的方式引起二者的共鸣。但它也并不是主打怀旧，在这个过程中，还凸显了产品的优势和功能。

2019 年年初的开学季，晨光文具还推出了“开学前一夜”的系列主题活动，并且还将它延续了两季。也正是因为晨光文具的市场把控力使其成为开学季必不可少的品牌，并且其稳稳地把握住了这一热点，将时机与品牌完美融合，对于品牌的宣传有着必不可少的作用。

众所周知的是，品牌借势营销并不仅仅是与用户产生互动，增加品牌的存在感，最重要的是创造利润。晨光文具的营销活动不仅将品牌很好地融入热点之中，还增加了家长和学生之间的联系，而利润和存在感均有所收获，但他们的成功之处不仅于此，而是还引起了全民关注和讨论。而晨光文具就是很好地利用了产品和热点事件的吻合度。

（2）创造热点

对于热点，有的品牌处在“等”的状态。有时候，对产品有了提前的谋划，但是却有了突发的热点事件，将突发事件和产品结合，却发现一直处在被动状态，热点的流量几乎没有运用上。但其实，如果做好了产品谋划，有一些热点是可以自己创造出来的，不一定需要苦苦等候。而且等来的，未必就是合适的。

这一点，我们可以参考阿里巴巴、京东和华帝。

阿里巴巴的双十一狂欢节源于淘宝商城 2009 年 11 月 11 日举办的网络促销活动。自从这一年开始后，每一年的 11 月 11 日便成为阿里巴巴大规模促销活动的固定日期，甚至成为中国电子商务行业的年度盛事，还逐渐影响了国际电子商务行业。

而京东的 6·18 则是京东店庆日，这“火红六月”都会推出一系列的大型促销活动，并在 6 月 18 日这一天的促销力度是最大的。

阿里巴巴的“双十一”和京东的“6·18”遥相呼应，是全民网购的狂欢节。但无论是阿里巴巴还是京东，这两个节日都并非原有的，而是根据自己的品牌创造的。

在创造热点这一点上，比较成功的还有华帝。华帝股份有限公司成立于 2001 年 11 月 28 日，它的前身是中山华帝燃具有限公司。华帝的产品以抽油烟机、燃气灶具、壁挂炉等家居系列产品为主。在2018年世界杯开赛初期，华帝在官网发布了一条消息：法国队夺冠，华帝退全款。

这则消息吸引了不少吃瓜群众与球迷的注意力，迅速引燃了一波热潮，而华帝也站在了热点的顶端。

但值得注意力的是，华帝的“退全款”是有要求的：凡是在6月1日到7月3日之间，购买“夺冠套餐”的用户才可以享受。

世界杯在众人感叹华帝“亏大了”的声音中落幕。看似华帝“亏大了”，但其实并不。法国队夺冠，华帝的热点再次得到了增长，可以说，这一次他们用最低的广告成本撬动了最大的营销收益。最重要的是，在这一时期，华帝的名号更加为人所知。

并且通过“退款”这一事件，华帝品牌的魅力也定然有所升值，必将吸引一批粉丝对其进行忠实用户。所以说，华帝并不“亏”，实则“赢”。

有人说这“热点营销已死”，但也有人将华帝奉为传统企业互联网营销案例，不管从哪个方面看，华帝、阿里巴巴、京东创造的热点流量都是不容小觑的，并且都能持续性地带来收益。今时今日是互联网时代，要想做好营销，就得借助流量，甚至是创造流量，又何谈“热点营销已死”呢？在这个流量为王的时代，唯有热点，才能成就品牌。

2. 借助流行热点打造爆品的注意事项

在最近的几年里，借助流行热点的流量进行产品宣传，是十分流行的一种宣传方式。但是借助流行热点打造爆品，则有以下几个问题需要特别注意（如图 3-8 所示）。

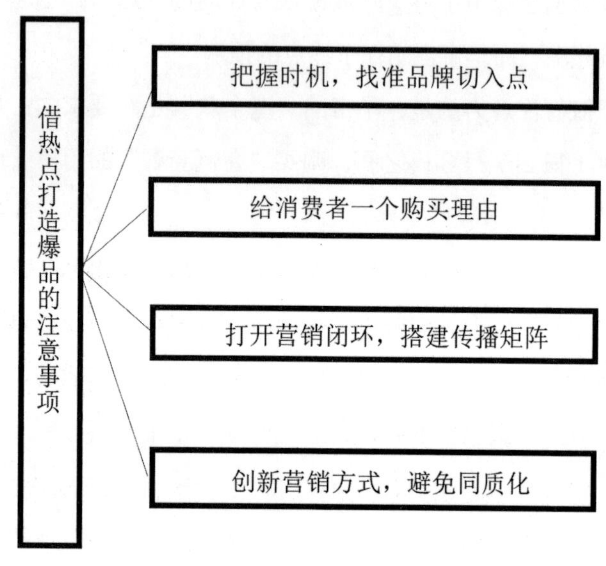

图 3-8　借助流行热点打造爆品的注意事项

（1）把握时机，找准品牌切入点

借助流行热点宣传很容易，但想要找准关键点却是不容易的。打造爆品最重要的就是要找到二者的关联点，并将其与公众的关注点、品牌诉求点等三点合一，才能使流行热点与所做的产品相融合。如果有所偏差，那将得不偿失了。乐天的事件就是如此。

乐天集团是韩国五大集团之一，也是世界五百强的跨国企业。主要经营范围是零售、食品、旅游、石化地产及金融等。在 2016 年 9 月 30 日，韩国国防部宣布确定乐天集团的星州高尔夫球场为萨德系统最终部署地点，而在第二年的 2 月 27 日，乐天集团董事局决定为部署萨德提供地。这一事件点燃了国人的主义情绪，引起大范围自发性抵制。

（2）给消费者一个购买理由

借助流行热点营销最重要的就是赢得消费者的注意力，使其产生购买行为。但并非借助了流行热点就一定能够为企业带来利润。消费者也会根据自身的情况购买产品，所以最重要的是要给消费者一个购买的理由，让其心甘情愿地去为某款产品付款。

虽然这是低成本的营销方式，但最终的目的还是汇集社会舆论，将公众的关注点移到产品上。所以要借助流行热点，必须要关注舆论，了解舆论导向，否则很有可能会重蹈乐天的覆辙。

（3）打开营销闭环，搭建传播矩阵

确定了要借助的流行热点，就得根据热点的特点及受众的特点选择合适的营销平台，同时利用媒体的优势，与相关媒体进行沟通策略，搭建更加便利、快捷的网络传播方式，扩大传播的效果。

一般的流行热点是从微博慢慢开始发酵的，当发酵到一定程度就会被人民日报微博点名。在这时，阅读量和点赞量都会得到很大提升。随着人民日报点名，其他相关的媒体也会竞相报道，如搜狐、腾讯等。

随着流行热点的发酵，找准点，将产品与热点合二为一，当流行热点覆盖全网络，形成了极高的热点氛围时，产品宣传的流浪也将达到一定的氛围。

（4）创新营销方式，避免同质化

在借助流行热点宣传的这个过程中，产品的特点也应得到展现。在这个环节中需要避免的是同质化，以免给消费者造成“差不多”的影响。还需要注意的是，并不是所有的产品都可以借助流行热点，而是要根据差点的类型和特点去借助不同的热点宣传。

品牌做营销时借助热点时很好的事情，这在当下算是投入较少的营销手段，并且如果使用得当，能够利益最大化。但需要谨记的是，做营销时，所提到的保障需要一一落实，否则借助的热点同样会给品牌自身带来损害。

猛击消费者痛点刺激下单

消费者的痛点是什么？

要促使消费者消费，就需要找到消费者的痛点。消费者的痛点即消费者的基本需求与潜在需求。基本需求是吃穿住行以及心理、价值、文化等，而潜在需求则是在基本需求上衍生出来的，譬如快乐、兴奋、安逸、享受、舒适等。要想销售产品，就需要知道消费者有哪一些事痛点，找准这些痛点，下一步就是将痛点扩大，并使痛点转坏为需求。

我们就拿最简单的“吃”来举例。有的人喜欢吃辣，但是因为吃辣太多导致上火，随后上火又引出了一系列问题，譬如咽喉痛、牙痛、口角糜烂、眼睛红肿等，严重影响人的身心健康。王老吉就在这个时候成了爱吃辣的人的最爱。

2017 年，王老吉的广告词是“180 余年正宗秘方，王老吉从未更名，购买时请认真王老吉凉茶，怕上火，就喝王老吉”。从此“怕上火，就喝王老吉”成了众多人吃火锅时必须念叨的一句话，甚至王老吉也成为吃火锅必备的饮品。这就是王老吉找准了消费者的痛点。

同样以“吃”为痛点的还有斯达舒。相信很多人记得斯达舒的广告词：“胃痛，胃酸，胃胀，就用斯达舒！”它直白、简单的广告让人听一遍就能记住，且不容易忘掉。一般当人胃不舒服的时候，就会想起斯达舒，但可惜的人，2012 年，斯达舒将广告词修改为“良心药，放心药”，从此慢慢地淡出消费者的视野。

可能有人会说，它慢慢淡去与广告词有什么关系。其实不然，以“药”为主，那么就脱离了痛点，“良心药，放心药”会使听众一时不明白它的疗效究竟是什么，而“胃痛，胃酸，胃胀，就用斯达舒”则直指痛点，显得有力多了。

而以“用”为痛点例子则是 360 安全卫士。很有可能没有人注意过，现在很多人的电脑都装着 360 安全卫士，甚至想起杀毒软件，只能想到它。但是 360 安全卫士之所以能做到今天这个模式，并不仅仅是因为它免费盈利模式，还有一个最重要的问题，它的广告语：一个“安全”胜过n个“杀毒”，并且也很明确地维护并解决了电脑安全中的一部分问题。

在“用”上，还有一个非常成功的案例——脑白金。脑白金寻找的消费者的痛点是“用”，再挖掘，发现送礼是很多人都很纠结的事。逢年过节时，许多人在超市里寻找送人的礼物，实在不知道该送什么好。而脑白金的广告：“今年过节不收礼，收礼只收脑白金。”就这样简简单单的一句话，让人在要送礼时自然而然地想起它。并且脑白金将这句话循环了多年使用，会给人一种“送礼首选”的印象。

从以上的例子我们可以看出，只要找准了痛点，营销其实没有那么难。

其实在我们每个人的生活中也会遇见各种各样的问题，有的时候，稍微挖掘下，就能发现商机。

叫车软件的兴起，不就是如此吗？是否有人想过，如果有一款能用手机叫车的软件就好了？

2008年的圣诞前夕，巴黎有一个名叫特拉维斯·卡兰尼克的青年，他刚从欧洲最大的互联网科技大会Le Web的会场走出来，此时正在等待出租车，但他也和很多人一样，等了很久都没有等到一辆空车。就在这个时候，他萌生了一个念头——开发一款手机叫车软件。

2009年，一家名为超级出租车（UberCab）的公司在美国成立了。它就是前几年炙手可热的优步的前身。

优步探索出的手机叫车模式，自此改变了人们出行的方式。在优步的客观段有电子地图，地图上可以找到最近距离的车辆，并且为其派发订单。

接单后，司机会打电话跟乘客确认车辆到达时间。司机还必须在车上备有充电器、瓶装水等供乘客使用。当车辆靠近顾客时，乘客的手机能收到短信提醒，并且在地图上还能看到车辆显示具体位置。

在乘客到达目的地后，系统能自动从乘客的信用卡上扣除车费，直接性地省略了付钱、找零、给小费、那发票等环节。乘客还能对司机进行评级，如果司机的态度不好，可以直接给差评，这样对乘客和司机双发都有了约束。

优步的兴起从全方面改变了出租车这种垄断型服务行业的顾客体验，人再也不用苦苦等待出租车，想要出行时，轻点手机，然后等待即可。既节省了时间，也让出行变得更加方便。

正是卡兰尼克在等出租车时发现了消费者的痛点，并想到了解决的方法，才有了优步，甚至是直接性地改变了人们出行的方式。

虽然说“痛点即商机”有些疯狂，但不能否认的是，人的需求即痛点，而解决了痛点，就能带来莫大的好处。

所以要打造一款爆品，不仅是要打造这款产品的方方面面，还需要根据产品的特性去寻找消费者相关的痛点。就比如加多宝一样，同样是饮料，但加多宝在“吃”上找到了“上火”这一痛点，更改了广告词，成功打造了爆品。无论是做品牌还是做产品，只有找准了消费者的痛点，才能带动产品的火爆销售。

04 引爆销售的 5 大平台

有了导火索还不够，还要将导火索一条一条铺设出去。哪里有你的目标客户群，导火索就要往哪里铺设。

当然，人流量最大的地方是必不可少的，比如微博，比如微信，比如直播平台，等等。

不同的平台需要不同的运营方法，这一点需要营销人员做到精准把控。

当你在各个平台都做好营销推广，还担心产品成不了爆品吗?

微博营销：辐射粉丝的精准投放

中国的互联网已经全面进入了微博时代。目前新浪微博、腾讯微博、搜狐微博的注册用户量已经突破了六亿，而每天登录的用户数已经超过了四千万。

而微博的用户群主要集中在中国互联网使用者中的高端人群，虽然这部分用户群只占了互联网用户群的百分之十，但他们是对新鲜事物最敏感的人群，也是互联网上购买力最强的一群人。

在这样的大势下，微博营销也逐渐兴起了，微博营销指通过微博平台为商家和个人创造价值的一种营销方式，也指商家或者个人通过微博发现并满足各种用户的各类需求的商业行为。

微博营销也是互联网新推出的营销方式，企业可以利用更新微博像每一位用户传播企业及商品的信息，并可以通过微博树立产品和企业的形象。在每天更新内容时，还能就热点信息、产品等各方面跟大家交流互动。在微博上，每一个用户都是潜在的营销对象，甚至每一条微博都有可能使产品的推广更上一层楼。

但是微博影响也有需要注意的地方，比如要有准确的定位、价值的传递、系统的布局以及内容的互动。正因为微博的营销效果显著，更需要注重以上几点。比如定位，有了明确的定位才能根据用户的不同发表不同的观点，以此来提升产品及企业的形象。

在微博上营销的范围主要有开放平台、话题、名博、认证及粉丝、整体运营等。相对于其他平台，微博的营销范围更加广。

1. 微博营销的分类

在这里，我们将微博营销分为三类进行讲解（如图 4-1 所示）。

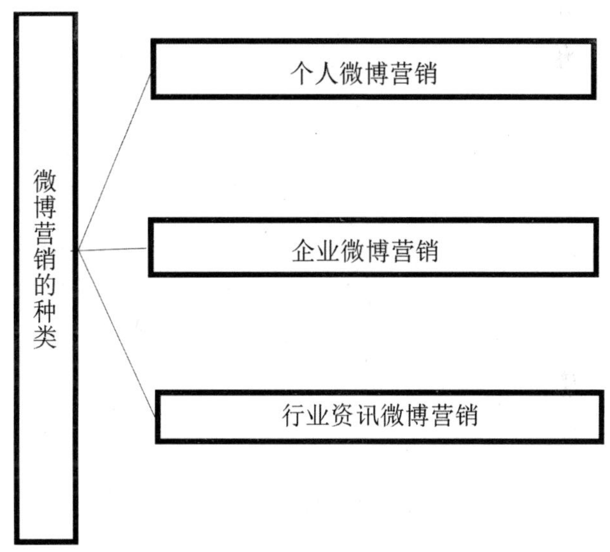

图 4-1 微博营销的种类

（1）个人微博营销

个人在进行微博营销时也有经验和技巧可以遵循。

普通的个人微博功利性并不是很明显，有一些人主要是为了发表平时的生活和心情，在他们的手中，微博仅仅是一个平台而已。而有的人能进行微博营销，是因为他们具有一定的知名度，能够利用自身的优势获得较多的粉丝，这类型较多的一般是成功人士或者明星等，他们主要是通过微博这个媒介来展现自己，以使粉丝更进一步了解自己，并喜欢自己。还有一部分个人的微博是实现营销目的，这就包含了一些明星，他们会将平时的工作发布在微博，再由粉丝们跟踪转帖宣传，以此来达到营销效果。

（2）企业微博营销

企业经营微博的目的一般是为了盈利，但一般的企业微博进行营销难度较大，而且相对于产品，企业更难吸引一定的粉丝。

个人微博的更新速度比较快，信息量也很大，而企业微博无法给消费者直观的影响，所以当企业微博要营销时，首先需要建立固定的消费群体，也就是活跃的粉丝群，并且要加强与粉丝的互动，唯有如此，才能逐渐地提高企业微博的粉丝量，以达到营销的目的。

运营企业微博还有一个方法时，多关注微博热点，并且时不时“蹭”相关的热点，以此也能扩大一定的知名度，但无法在这个时候进行营销。提高知名度，拥有粉丝群后，才能进行营销。

（3）行业资讯微博营销

个人微博、企业微博、行业资讯微博三类中，比较容易吸引粉丝的事行业资讯为主要内容的微博。这类微博的订阅用户数量决定了行业资讯微博的网络营销价值。这类微博类似于通过电子邮件订阅的电子刊物，而微博内容则会成为营销的载体，订阅的用户越来越，营销就会更加容易。

但行业资讯微博要营销时，也需要在内容策划及传播方面下一定的功夫，如此才能将已有的粉丝利用起来。

2. 微博营销的个性特征

微博营销具有 4 大个性特征，具体包括以下几方面（如图 4-2 所示）。

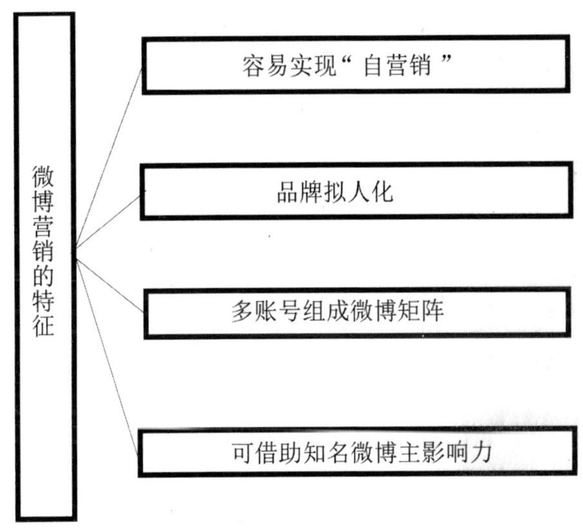

图 4-2 微博营销的特征

（1）注册简单，操作便捷，运营成本低，容易实现“自营销”

微博具有较强的媒体属性，能以最快时间将信息广而告之，但与其他媒体相比，微博无须费用便能注册、操作的界面相对比较简单，而操作方法也非常建议，又有多媒体技术能使信息以多种多样的方式呈现出来。并且运营微博无须太多，一个账号足以。相比建构网站或者是拍广告，或报纸、电视等媒介做宣传，微博的花费是比较低廉的。

（2）微博营销的“品牌拟人化”特征更容易受到用户的关注

在微博上，企业用户和一般用户很少使用类似新闻稿的方式做宣传，而企业微博如果用官方的方式去管理微博也会显得格格不入，最好的方法就是人性化地塑造一个自身的形象，这个形象最好的符合产品特征或者是企业形象，如此既能拉近粉丝之间的距离，还能达到比较好的营销效果。

这种方式也就是品牌拟人化。并以这个形象与粉丝展开互动，从而获得粉丝的认可。

可能有人不理解品牌拟人化的意思，就拿杜蕾斯在感恩节的文案来举例：

亲爱的

箭牌口香糖：

感谢你。

这么多年，感谢你在我的左右，成为购买我的借口。

你的老朋友

杜蕾斯

而在这个文案的右边，又将绿箭口香糖拟人化，做出回应：

亲爱的，

杜蕾斯：

不用谢，

有我

尽管开口

你的老朋友

绿箭口香糖

杜蕾斯将品牌拟人化，在营销创新上可谓又上了一个新台阶，最重要的是，杜蕾斯这拨新奇的操作，不仅一时引起其他品牌分纷纷回应，嫌弃一波热潮，而且还给粉丝们留下了亲切、有趣的品牌形象。

（3）多账号组成的微博矩阵，保持整体协作的企业文化的同时针对不同的产品进行精准营销

微博矩阵是指一个企业微博开设好几个不同功能的账号，不同的账号与不同层次的网友进行沟通，以多方面塑造企业品牌。也就是将内部资源拆分为几个不同的点，并在微博上进行排布，塑造不同的账号形象，以达到最好的营销效果。

（4）微博造星，借助知名微博主的影响力进行营销

微博也有传播机制，一般是建立人际传播理论基础上的。

微博的影响力从某种程度上说，也代表了一种关系的信用值，一般活跃度、传播力和覆盖度三者越高，那么影响力也就高了。一般情况下，产品营销也可以借助影响力较高的博主进行推广。也有一些企业会选择明星作为代言人或者以“带货”的方式为产品做推广。而借助拥有高人气的微博红人做推广，一是能与潜在客户有更多接触，达到广告告知的效果，并能通过红人的宣传扩大产品的宣传力度；二是微博红人有一定的知名度，能够得到较多粉丝的认同，在消费方面，他们有着音能的能力。

有一些微博红人具有较强的专业性，比如时下比较红的微博红人李佳琦，他又被称为“口红一个”，据说带货赢过马云。经李佳琦推荐的彩妆大部分都能成为爆品，还有的甚至会被“秒”光。李佳琦的专业性就在于美妆，如果要找家居、美食方面的微博红人，那么当属李子柒。二人的所属领域不同，带货的能力也有所区别。

在企业微博进行爆品营销的过程中，最大的误区就是盲目地选择微博红人，一定要根据自己的产品来选择，切不可随意选择或谁红选谁。

3. 微博营销爆品时需要注意的问题

微博营销爆品时需要注意的问题主要包括以下方面（如图4-3所示）。

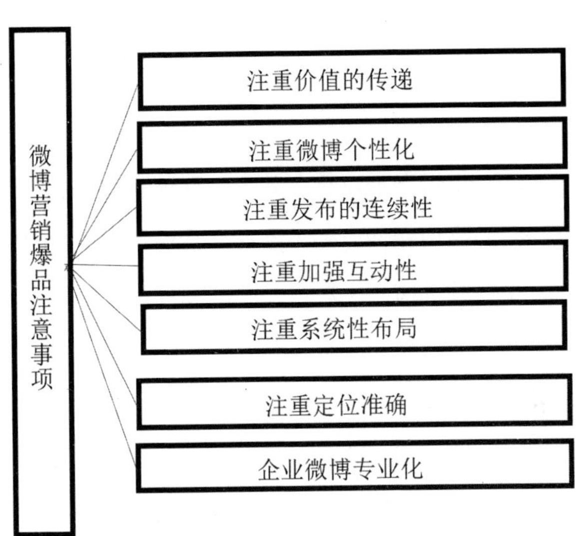

图 4-3　微博营销爆品时需要注意的问题

（1）注重价值的传递

企业要在微博营销爆品，首先就要认清自身的类型，在微博中属于“索取”这类还是“给予”这一类，认清了这一点，才能有更好的营销方式。企业微博一般属于“给予”的平台，即向粉丝给予。那么，怎么样的微博才能创造价值呢？可以对浏览者创造价值的微博，这种才时有价值的，企业微博想要从中盈利，就必须要明白这一点，只有了解了其中的因果关系，才能在微博进行营销，并从中受益。

（2）注重微博个性化

在经营企业微博时，从一开始就要塑造属于个人的个性化，切勿以就事论事的态度去经营企业微博，要让每一位浏览的用户都觉得经营这个微博的是一个“人”，而不是一台“机器”。

在这个过程中，更要塑造自己的独特性。仅仅是有趣能吸引一部分粉丝，但慢慢地浏览者就会发现还有比你更有趣的微博，甚至是别的微博和你也差不多，那么粉丝量只能是暂时性地提升，无法持续性增长。所以在有趣的同时要保留自己的独特性，要让浏览的人察觉到你是独一无二的，这样才能继续积累粉丝并吸引关注。

（3）注重发布的连续性

微博的更新切不可轻易断更，要像一本随时都会更新的电子杂志，每日都需要定时、定量、定向地发布新的内容，这样才能让粉丝记得有这样一个微博。粉丝都是善于忘记的，轻易断更会使粉丝忘记还有这样一个博主，久而久之，前期的所有工作也将白费。所以要养成媒体登录微博更新的习惯，这样也会使浏览者养成每天都看看你是否有新动态的习惯。如果能达到这个地步，那距离成功也就很近了。

（4）注重加强互动性

发布微博后，一定要随时跟粉丝互动。微博的魅力就在互动，如果有一群粉丝，但是不互动，他们慢慢地会就变成僵尸粉，最后就会离开你。所以经营企业微博，持续性地更新并时常时与粉丝互动是最关键的事情。

在企业微博上，还需要注意的是宣传的信息不要超过微博的百分之十，最佳的比例是百分之三到百分之五，如果超过，浏览量必然会降低。在互动的次数多了，活跃的粉丝数量大了之后，可以再通过一些途径进行产品营销。

在微博上，与粉丝的互动一般是“活动内容 + 奖品 + 关注”“转发、评论”等抽奖的方式进行的。奖品则一般是企业想要宣传的内容。在这里需要切记的是，出了赠送奖品之外，一定要在微博上认真地回复粉丝的留言，要让粉丝有被重视的心情，这样才能得到粉丝的持续性关注。

（5）注重系统性布局

策划任何一个营销活动，如果单纯当成头脑发热时的点子来运行，几乎不可能成功，这是因为缺乏系统性。微博营销看似简单，甚至有很多人觉得这可有可无，其实不然，如果把做好微博营销，将系统性全面地运用，可以用微小的成本换来巨大的收益。

企业想要利用微博营销，就要将整体规划纳入营销中来，而不是突然有一个小点子，然后这样经营。无论是微博还是其他平台，都不可小觑。

（6）注重定位准确

企业微博在微博上一定要明确自己的定位，比如玩具行业，那么就要围绕这类用户来进行每日更新；美妆行业则是每日定时发美妆方面的信息。切不可盲目随意而已，这样就算有了很多粉丝，但这些粉丝并没有商业价值。有不少人抱怨，微博粉丝都几十万了，可转载、留言的很少，一旦互动发奖品，大家一窝蜂抢奖品，对实际的宣传没有半点作用。这就是企业微博没有定好位，一旦定位，那么就围绕你的目标客户来发布相关信息吸引关注，而不是只顾着吸引眼球，如果一味地吸引眼球，粉丝量会上涨，但这只能成为死粉。

很多企业微博在起步阶段就会陷入大量吸粉的这个误区中，以吸引粉丝为目的，最后就是有很多粉丝，但是没有消费群体。这就得不偿失了。

（7）企业微博专业化

企业微博有了明确的定位后，就需要凸显专业性了。在这时，就会在微博上遇见同行业的人，同场竞技，只有更专业才能超越对手。所以在微博上，不仅要有专业性的眼光，还要对自己的行业有一定的了解。

微博不仅仅是一个渠道，更是一个平台，唯有做到专业，才能在这个平台上有所展现，才能与消费者搭建一个零距离的交流平台。如果有粉丝提出问题，也能用更加专业的手段来进行解答，否则如果问题都解答不了，消费者对于企业就更加没有信任感了。

4. 微博爆品营销原则

在微博进行爆品营销需要坚持的原则主要包括以下方面（如图 4-4 所示）。

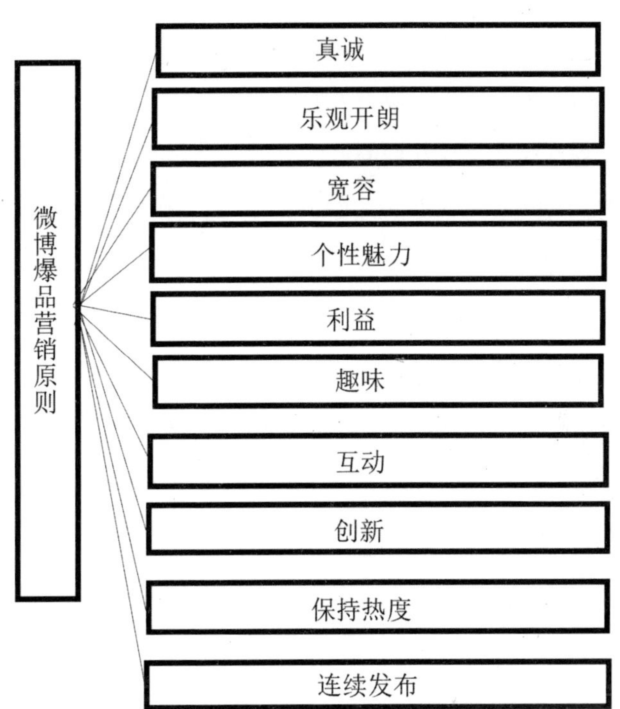

图 4-4 在微博进行爆品营销需要坚持的原则

（1）真诚

真诚是人与人交往的原则，虽然在微博上大家没有办法见到面，但也要以真诚为基本原则，只有这样，才能建立长期的关系，才能积累良好的信誉。

也有人觉得反正大家都见不了面，无所谓。但企业要做爆品，就要从最基本的做起，做到真诚待人，这样对企业、对产品都是一种积累，只有积累，才能使产品得到更好的推广。

（2）乐观开朗

在现实生活中，每个人都喜欢和乐观开朗的人做朋友。其实在微博上也不例外，没有人愿意和负能量满满的人做朋友。只有乐观开朗才是受欢迎的，所以运营企业微博，乐观开朗是必需的，再幽默一点儿、搞笑一点儿，将会更加受欢迎的。

（3）宽容

在微博上，一定要宽容，否则会引来许多无谓的争执，也会让自己的生活一团糟。微博的最大优点是任何人都能畅所欲言地发表自己的观点，也正因为如此，会有与自己相反的观点，如果去较劲，轻则引来骂战，重则举报等等，企业微博更应该注意这一点，以宽容的眼光去管理微博，如此对企业形象才有利。宽容并不意味着没有价值观，只是对于与己相悖的选择忽略罢了。

（4）个性魅力

微博上各种各样的人都有，而同样做企业推广的也不少，竞争可谓相当激烈。既有千篇一律的营销号，也有个性魅力得到充分展现的账号，企业微博要怎么样做才能使自己脱颖而出呢？

在前面我们曾说到定位，在这里我们要说的是，在做好定位的时候，也要展现经营者独特的个人魅力。微博上的账号其实就相当于企业在现实生活中的品牌，所以最重要的是要展现品牌的个性魅力。

（5）利益

一味地更新微博固然有趣，但企业微博不能忘记的最终目的是盈利，所以在微博上可以经常发一些打折信息和秒杀信息，这样有助于提升关注度，增加粉丝的活跃度。

（6）趣味

无论是在国外的网站上，还是国内的微博上，幽默的段子、恶搞的图片、滑稽的视频总是会有很高的转发量和点赞量，并且这种类型男女老少都很喜欢。所以纵然是企业微博，也可以适当地在微博上发布以上类型的内容。但在发布这类信息时要注意是否有广告等营销信息。这类内容只能当作趣味性来发布，不能当作广告发，否则会起反作用。

（7）互动

在前文我们也说到经营微博要注意互动。但其实很多粉丝专注的并不是互动的内容，而是互动时的奖品。所以在这时，企业微博赠送的奖品一定要是将要打造爆品的产品，或者是相关产品，并且在进行互动时，不可随意赠送，要增强趣味性，譬如通过抽奖等方式。在互动的这个环节还有至关重要的一点是，与赠送奖品相比，和粉丝之间的互动在于评论区，这样一则提升微博的评论数，二则增加与粉丝之间的黏性。

（8）创新

微博才开始商用化，并且具有很强的扩展性，所以企业微博使用微博推广还有具有很大的探索空间。在日常更是要抓住机会，并且把握有效时机进行创新，就能从众轻松获得收益。

（9）保持热度

运营企业微博一定要持一定的热度，可以在微博中设置一些热点选项，引用户参与，偶尔还可以根据时事设置一些辩论，也可以设置一些问题，让用户来答疑。一定不能让微博沉寂，一旦沉寂，再想引入流量就会难。

（10）连续发布

微博用户多，更新速度也很快，所以企业微博也要每天定时、定量地更新微博，与浏览者有互动，这样才能不被各种各样的推送淹没。

以上便是企业微博需要注意的事项。企业微博经营者需要知道的是，关于微博，并不是只要每日去更新、去记住注意事项就好了，一名真正的微博运营者还需要了解微博固有的特征。

微博营销主要是以转播学理论为基础，以营销学经典理论及案例为指导，并集成以往的网络媒介营销手段的一种途径。

5. 微博营销爆品的误区

在微博进行爆品营销存在一些常见的误区，具体包括以下几方面（如图 4-5 所示）。

（1）目标不明确，导致活动效果不明显

策划活动时，一定要有明确的目标与计划，并且需要详细到方方面面，比如活动的细则、目标人群、活动海报、文案以及前期后期的宣传及总结等，如果没有明确的活动目标，只是顺其自然，那么只会事倍功半。要想提高产品的关注量，并且要通过活动进行销售，就需要提前做好所有关于活动的计划。

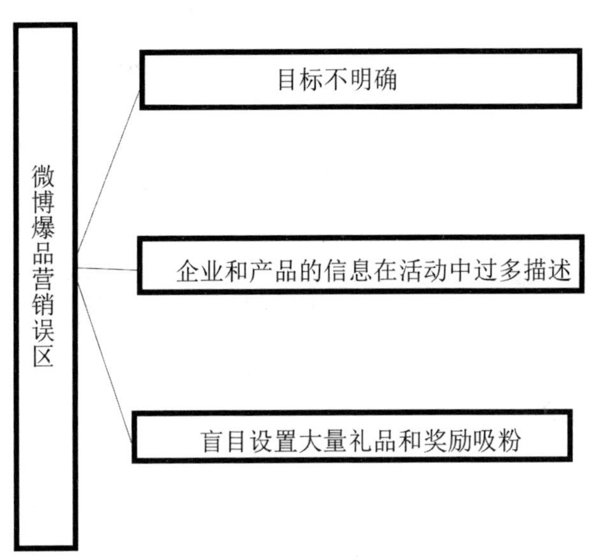

图 4-5 在微博进行爆品营销的常见误区

（2）企业和产品的信息在活动中过多描述

切记不要在活动过程中过多描述企业和产品，要记住心急吃不了热豆腐。在微博做爆品活动，在向用户传播信息时，要学会精简，如果加入企业信息和产品信息，会导致文案部分的字数过多，浏览者会失去看下去的心情，直接性的减少参与活动的想法，会大大削弱活动的影响力。如果是进行产品促销，也需要掌握促销的技巧，切不可开始就盲目地向大众介绍企业、推广产品，而是要带有趣味性地推广。

（3）盲目设置大量礼品和奖励吸粉

有的企业做活动时，会有意设置大量礼品或奖励，以这样的方式达到吸粉的目的。但这并不会产生任何效果，只能增加一批无用的“僵尸粉”。企业在微博做宣传应该是定向的，也就是所推广的产品大概是哪一类人会买，那么就应该定向对这类人做宣传，并得到这类人群的关注，以这种方式来培养自己的粉丝，才能达到后期的推广作用。

微信营销：强社交关系下的爆品营销

目前微信营销是十分火爆的一种营销方式，有很多企业甚至投入大量的人力物力在微信营销上，那么，微信营销究竟指的是什么呢?

微信营销是在微信上进行网络营销。营销的方式是通过朋友圈推广自己的产品，以此来实现点对点的营销。

微信营销的优势是只要有手机或者平板电脑，就能实现营销目标。并且这种方式相较于微博针对性更强，微信营销属于一对一营销，这种关系在社会学中被认为是较为私密的一种关系。

1. 微信营销的特点

微信营销的特点主要包括以下几方面（如图 4-6 所示）。

（1）点对点精准营销

要实现点对点的精准化营销，就需要借助个人社交和移动终端，进行不同的信息推送。而微信恰好满足了这一功能。并且微信营销的特点即：每一个人都可以成为营销者，只要拥有自己的朋友圈，就能实现点对点的精准营销。

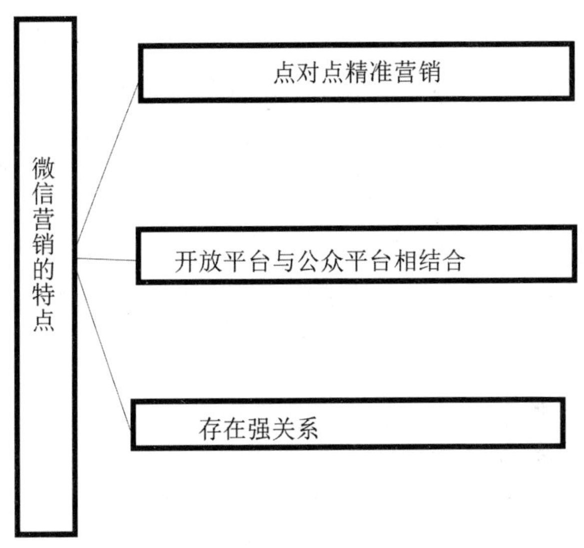

图 4-6　微信营销的特点

（2）开放平台与公众平台相结合

开放平台：微信的开放平台是第三方移动程序提供的接口，使用的用户可以将第三方程序的内容分享给好友或者是朋友圈，以使内容能够在微信平台得到更好的传播。

公众平台：微信的公众平台又被称为微信公众号，商家可以利用公众账号平台进行一些自媒体的活动，比如通过二次开发展示商家的微官网、微会员、微推动等等。这在目前已经形成了一种主流的线上线下微信互动营销方式。

（3）存在强关系

在微信进行营销时，一般是熟人或者是朋友。只有建立了联系的人才会相互加微信，而微信的使用一般是聊天或者解疑答惑，在微信进行销售最大的优势就是，面对这样的熟人关系，一般人都会选择相信。通过这种熟悉的关系，再将产品的形态通过互动的形式推送，还有可能增加企业与消费者之间的关系。这便是微信带来的强关系。

2. 微信营销的优势

微信营销的优势主要包括以下几方面（如图 4-7 所示）。

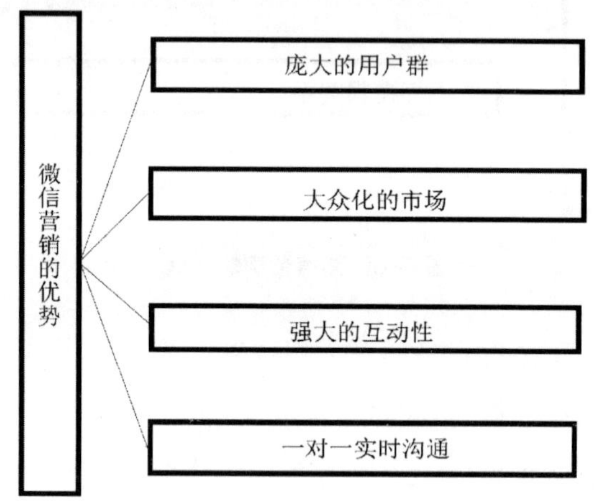

图 4-7 微信营销的优势

（1）庞大的用户群

据可靠的数据显示，腾讯的用户基数非常庞大，而微信的用户数已高达七亿，这个增长速度、发展空间非常大，甚至有赶超腾讯之势。可以毫不犹豫地说，当下微信已经成为最火热的互联网聊天工具，在使用微信的人群日益增长的今天，可以确信用户量已经不只有七亿了。从这庞大的用户群体中，我们可以预测到微信营销的发展空间。

（2）大众化的市场

有人做过这样一个预测，说微信已然成为互联网聊天工具的霸主。其实随着今天智能手机的普及，这一说法基本能得到证实。微信也早已不是高收入群体的独享软件，现在已走向了大众化。

（3）强大的互动性

微信的一大优势是具有较强的互动及时性。不管你在哪里，只有有手机，只要手机有电和信号，你就能够轻松地与客户进行实时互动。虽然几年前的博客营销也很火爆，但博客营销与微信营销最大的差异就在于互动性，博客营销无法及时回应客户需求，但微信营销不仅能随时随地回答，甚至还能通过图片、视频等方式进行在线沟通。

（4）一对一实时沟通

微信营销的一对一实时互动能更好地进行交流，商家能第一时间了解消费者的需求。有一些商家将微信当作移动的微博，只是在朋友圈无限次地发产品或者是品牌信息，但当消费者私聊沟通时，商家要么不回复，要么设置快捷回复。这类缺乏人性化的沟通方式，不仅会损害用户的体验，也会导致品牌降低信誉度。所以在微信营销时，一定要守住其特点，即进行快捷有效的回复，并且要让消费者觉得自己所面对的商家是一个具有专业化的工作人员。

3. 微信营销的运作模式

微信作为一种新兴的营销方式，有多种操作方法，有的商家在做微信营销时会用小号，并细心地将个性签名改为广告，再在程序里寻找附近的人进行推广。虽然这种方法对产品宣传有一定的效果，但对打造企业品牌没有什么用。

商家利用微信推广最好的方式是注册微信公众账号，在粉丝达到一定的量之后，在微信平台以申请认证的方式进行营销，这样更有利于商家的品牌建设，在推送信息和解答消费者疑问时也显得更加真实可信。最重要的是，商家依据微信公众号可以有一个针对广大用户的平台。这便是微信的“大号”，而小号则是个人微信。个人微信可以辅助大号进行推广，并且个人微信也能用各种各样的方式为微信公众号寻求更多的关注。

经营微信公众号一定要有企业意识，即深度了解企业的商业模式，并确定目标消费人群，不能做公众号就脱离企业本身，开始自嗨式传播。企业微信公众号一定要通过品牌传播。品牌传播是为企业公众号基础打法，对内容创作的要求比较高，这也就是很多企业没能将微信公众号做好的原因。在这个快销时代，好内容是稀缺品，所以当微信公众号开始确定时，就要生产好的内容。

运营是企业公众号的核心，而公众号作为流量池的阵地，需要做的是给用户提供优质、便捷的服务。在这个时候切不可一味地为了吸引粉丝而丢掉自己的底线，在这一点上，微信公众号与微博运营有相似之处。如果一开始就为了吸粉而做大量转发、抽奖，只会引来占便宜的人，这些人不会成为最后的“消费者”，只能成为粉丝中的一个“数”而已，当转发抽奖之类的活动变少了，这类人也必然会取关。所以做微信公众号，一开始一定要用内容来吸引粉丝，用优质、便捷的服务来留下粉丝，并将粉丝变为消费者。

直播营销：视觉盛宴中的爆品销售

随着移动互联网的提速以及智能手机的普及，人们逐渐摆脱了对于无线网络与电脑的依赖，开始直接通过手机和移动网络进行日常的一些行为，这在很大的程度上丰富了直播的场景，也给企业及品牌方带来了更加立体化的营销方式。直播营销则是新时代的营销方式之一。

直播营销不同于微博和微信以图文并茂的内容，而是以直接传播的方式立体地完成品牌文化及产品的展示。

在当下，直播营销在语境中是一场事件营销，因为直播营销除去广告效应，直播这个新闻效应反而更加明显，关注度也会比较高。一个事件或者一个话题，可能都会有相关的直播。直播能更容易地收到关注，也能更直接地进行传播。

直播主要是根据个人的浏览类型和关键词来进行推送，所以有较强的精准性。现在有各种各样的主播，每天会定时地进行直播，而用户在一个特定的时间进入播放页面，就能收看直播。这其实与互联网视频所提倡的“随时随地性”背道而驰，但也因为每个主播的直播时间的限制，能够识别并留住精准客户。并且通过直播，还能与用户实现实时互动。这是传统的营销方式无法达到的。实时互动不仅能够满足用户多元的需求，还能增加用户与主播之间的黏性互动。随着互联网的发展，现在实时互动的花样更是繁多，献花打赏是一种方式，发弹幕吐槽也是一种方式，甚至主播还能根据用户的一些反馈进行临时性的沟通。直播营销不仅具有真实性，还具有立体性，这是微信营销和微博营销都无法达到的。

直播营销有一种四两拨千斤的效用，因为这种与观众直接性的互动能够使双方在情感中达到共鸣，在这种氛围下做营销有一种恰到好处的推波助澜效用。并且因为其定位的特殊性，吸引的都是志趣相投的人，更容易在情感层面寻找到相似性。

今时今日是一个碎片化的时代，在这个时代里，人们日常生活中的交集越来越来说，可以说的话也变得较为单薄，而直播的出现，能以带有仪式感却又相对简单的方式来沟通，更容易渲染用户的情绪，也必然会有比较好的营销效果。

利用直播推销产品也需要提前做市场调查，了解到用户的需求，再选取适当的点进行推荐。在今天，有许多同质化的产品，所以在做直播营销时，做好精确的市场调研，才能避免同样的产品宣传的方式也是千篇一律的，要根据用户的喜好来进行推销。

互联网发达的今天，任何人都可以做直播，但并不代表所有人都有丰富的人脉资源。所以品牌或者是产品要通过直播去做营销时，一般有两种方式，一是自己积累人脉，二是有充足的经费，可以寻找拥有丰富的人脉资源的人进行产品推广。

一般的企业会选择自己积累人脉，但也有许多企业会直接选择一些网络红人进行推荐。如果是自己做直播，又没有足够的资金和人脉，那么就需要充分发挥产品的优点的来弥补，也就是在直播时放大产品的优点。

但无论是微博还是微信，或者是直播，都需要了解受众，了解他们的需求，只有了解了受众的需求，才能找到合适的营销方案。

现在有各种各样的直播平台，可以根据自己的产品去寻找特定的领域，再在其中寻找产品合适的受众，相比会容易许多。比如有做电子类的直播，也有做服饰搭配的，还有做化妆品的，商家只需要根据自己的产品的类型去寻找合适的直播平台，再进行定向分析就可以了。

在做完上述工作后，就可以开始策划具体的直播营销方案了。

在直播的营销方案中，需要销售策划与广告策划的共同参与，这样才能使产品的营销更加丰满。而在直播过程中，切记不能过度营销，否则会引起用户的反感，最终适得其反。虽然直播简化的了营销的这个过程，但依然需要把握营销效果和视觉效果。

因为营销最终依然要落实在实际的数据上，并且也只有这些数据才能看出其真实的效果，并根据数据及用户的反馈来进行调整。

据相关数据显示，平均每四个小时就会出现一款新的直播应用。肯定会有人好奇，在这些五花八门的内容背后，主播的真面目究竟是什么，作为用户，应该怎么样看待直播呢？

下面笔者就以这些问题为基准，简要介绍一下直播，以便企业主在经营直播之时能有一个基础的认识。

网络直播虽然是从2016年兴起的，但对于大众来说，网络直播已经不是陌生的事物。然而目前无论是学术界，还是互联网媒体自身，都还没有为网络直播做出简介又准确的定义。所以在这里，我们参考新闻传播理论及传统电视直播的概念为网络直播做一个简单的定义。网络直播指的是通过互联网展示的，并且具有双向流通性，传播过程和实际过程同时进行的事件发布方式。

1. 网络直播的特点

网络直播与电视、微博、视频等传统载体的新型互联网传播方式不同，而网络直播本身也具备了这些传统媒体所不具备的特点（如图4-8所示）。

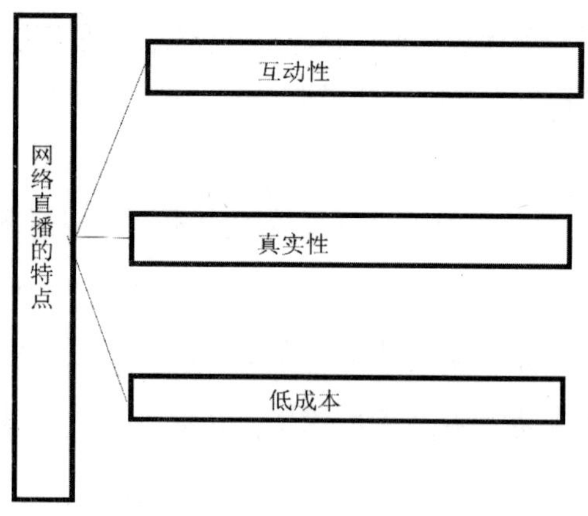

图4-8　网络直播的特点

（1）互动性

网络直播与观众有着极强的互动性。二者通过网络，即可通过打赏、弹幕等方式进行实时沟通。这也被称为双向性，即事信息从主播断传至观众断，也可以从观众端传至主播端。这种及时沟通能够增加主播与观众之间黏性，双方即使在现实生活中相隔很远，也能在直播的过程中畅所欲言。

（2）真实性

网络直播还具有一定的真实性。网络直播不会有剪辑，也无法重来，观众眼中看到的即是最终的，所以网络直播具有真实性。这在很大程度上压缩了观众和主播之间的界限，使直播的过程比较单一。

（3）低成本

与传统传播形式相比，网络直播的成本比较低。一是直播平台大多不收费，而用户看直播也无须再付费用，这不仅能省一定的成本，而且因为用户看直播是免费的，所以有较大的人流量。在进行直播时也无须太多的设备和人员配置，只要有一台电脑或者时一部手机就可以了。

也正是直播的这些特性，使直播得到了很大的发展，并且逐渐发展成个体，而且还吸引了越来越多的企业参与。我们经常看到的各类发布会，一般在现场也会进行网络直播，并且抽奖等环节中，网络抽奖也是其中的一部分，例如苹果手表发布会、淘宝光棍节嘉年华等，并不是能从网络上看到这些视频，而是打开手机就能参与进去，能提问，也能去抽奖领礼品。这也给企业主了一个非常重要的信号，网络直播是产品营销和品牌营销必须经历的一个步骤，甚至可以说，要营销，网络直播是必不可少的。

2. 直播营销的优势

随着中国当前经济社会呈现出的最新态势，企业参与网络直播的优势越来越明显。

在我们的日常生活中，直播也是随处可见的，比如淘宝直播。顾客在淘宝看直播时，根据主播的操作和解说，如果有意购买，根据主播提供的链接点击就可以购买。这也是直播备受观众喜爱的一个原因，具有较强的互动性。

而企业在进行网络直播时，可以使用户能够快速增加对产品和企业的了解，并且还能直接引导用户在直播界面就完成产品交易。这能使企业的转化率快速得到提高，对企业的宣传也会有明显的效果。

可能会有人觉得要取得客户的信任是一件非常难的事情，但网络直播就能让这件事变得容易许多。通常我们在直播中看到的都是比较真实的场景，因为直播具有时效性，能将企业信息真实地展现在用户面前，甚至是产品生产的加工线等，都可以通过直播的方式展现，这样能更容易取得顾客的信任。

对于那些安全性较为敏感的产品，比如食品行业，如果通过直播方式将产品制作的过程公开化，用户看到生产过程，还能消除对食品安全的担忧，并能对品牌产生信任度。

在实施“互联网 +”的今天，有效利用互联网，并将其与公司营销相加，必然会为企业创造更大的价值。但是对于网络直播，也有一些争议，有人曾这样评价它："稳固于垂直，正名于态度，得益于价值导向。"对于网络直播，如果有较好的导向，便能为企业创造收益。所以经营网络直播，也需要有职业精神，可以没有过硬的才艺，但不能没有过硬的专业知识；可以没有原创作品，但要以高标准严要求来规范自身，唯有规范了自身，才能将所有的计划落到实处，才能为企业带来更好的效益。

网络直播是新兴的一种营销方向，企业利用网络直播进行营销，只要主播有正确的导向、产品有明确的定位，就一定会有一个光明的未来。

短视频营销：分分秒秒点燃爆品

在互联网兴起的今天，短视频也是内容传播的一种方式，甚至可以说，短视频已经称为整个创业圈的新风口。越来越多的企业也非常重视段视频，还有很多企业已经加入了短视频这个创业大潮。但要做好短视频，并期望将其变现，则并不是一件容易的事情。

经营短视频，不仅需要短视频相关的新媒体运营者对平台日常的经营，还需要他们对流量、视觉、转化率三者的细致把握与融合。

要理解流量、视觉、转化率三者与短视频之间的关系，我们必须首先明白这三者的内部关系。流量的重要性不可替代，只有吸引了流量，才能谈营销。视觉即感观上的享受，也是短视频自身品质的直观体现。在互联网兴起的今天，用户对于感官享受的要求是越来越高，要想使用户满意，首先视觉上要满足他们。而流量则是用户在看完视频后，其视觉呈现最终带来的一种自然而然的副产品。而转化率即流量的变现，引入流量后，要将其变现，企业才能有所收益，如若不然，就算一条短视频拥有上百万的浏览量，不能变现，它也只是数据而已。

1. 流量之于短视频：促进自身发展的能量来源

互联网行业最重要的就是“流量”，很多专门从事互联网的企业，奉行的原则即“流量为王”，这对短视频新媒体来说是同样重要的。现在是粉丝经济时代，只有拥有庞大的粉丝，才能带来巨大的恶流量和超强的变现能力。庞大的粉丝意味着关注或者了解短视频新媒体的用户非常多，这能直接性地提升短视频的知名度和影响力。而且在向粉丝推送短视频时，也可以进行广告投送和企业宣传，这便能为与其他的新媒体同行的竞争时打下物质基础。

从这两个角度看，流量对于短视频，可以说是促进自身发展的能量来源。正因如此，任何一家做短视频的企业，都必须通过短视频为自己带来流量，可以说，这成为衡量新媒体企业的一项基础。“流量”在这里明确地体现在两个方面：一是“务实”，即实现变现。二是“务虚”，即增加名气。

得到 APP 的创始人罗振宇在演讲时曾这样说过：中国国民的总时间到了今天，已经达到了饱和，从今往后很难再有新增的流量了。根据数据统计，当下短视频创业领域的实际情况也正好印证了罗振宇这一悲观的说法。短视频领域的流量开始逐渐向内容深度化、专业化的新媒体转向，这类新媒体更能得到用户的喜爱。这一严峻的现实，是新媒体用户必须面对的，并且也必须采取一定的措施来应对，以争得有限的流量。

就以目前的形势来分析，想要获得一定的流量，短视频的运营人员至少需要做到以下两点（如图 4-9 所示）。

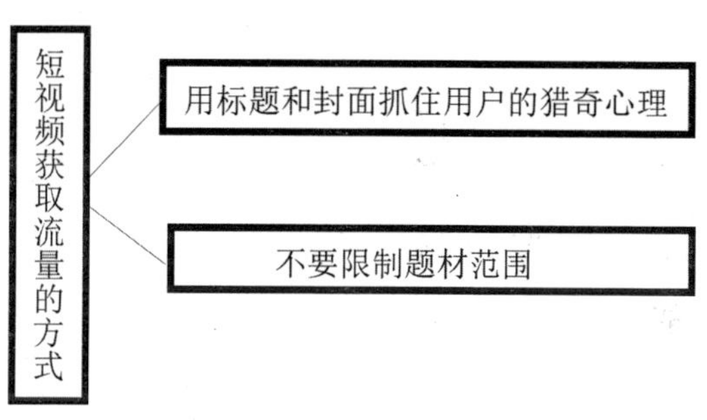

图 4-9　短视频获取流量的方式

（1）用标题和封面抓住用户的猎奇心理

每个人都有一定的猎奇心理，而在互联网时代的今天，很多人决定看某条视频，基本上只根据两个要素，即封面和标题来决定。所以当短视频的标题和封面具备了神秘感或者是悬念时，用户必然会生出好奇心，想要一探究竟，就这样，流量便产生了。

（2）不要限制题材范围

有的人为了赢得用户的喜爱，会制作大量以情景喜剧为主的短视频，相同的题材太多，反而会引起用户的反感。还有一些经营短视频的人员，为了跟风，甚至在短视频里表演一些搞笑的段子。这只能起到相反的效果。其实在做短视频时，也可以根据人的基本需求出发，譬如人们和自己生活息息相关的美食、健身等题材，只要短视频的内容有一定的趣味性，就能获得可观的流量。所以经营短视频，切不可将目光锁定在某一处上，而是要根据生活的方方面面去取材。

2. 视觉之于短视频：对外宣传的“敲门砖”

经营短视频的人常说这样一个词“视觉呈现”。视觉呈现即当用户点开一个短视频时，呈现在眼前的短视频内容。视觉呈现效果好，在短视频宣传时，相当于拥有一个好的敲门砖。在前文我们也提到，当下的用户对于短视频，更倾向于具有深度化和专业化的新媒体，短视频的视觉效果好，即是专业化的体现，只有这样，才能给用户极大的视觉冲击。

好的视觉呈现在短期和长期两个方面均能取得较好的效果。从长期来看，好的视觉呈现能够促使短视频在用户心中形成比较特别的印象，能增加短视频与用户之间的黏性，并且能通过这一方式塑造品牌的个性，对于打造企业品牌有一定的优势。而从短期来看，则是能在较短的时间内吸引一部分用户的关注，这对于临时启动的新媒体企业有着特殊的效果。可以说是企业进入新媒体行业的第一仗，如果因为有较好的视觉呈现效果，引起较多关注，那么起码首战告捷。

短视频是很多企业走向新媒体的第一步，那么在这个过程中，运营人员在对视觉呈现进行优化时，有哪些需要注意的呢？下面我们从以下两个方面进行分析。

（1）简

这里的“简”不是指视频要拍摄得简单，而是指拍摄视频的环境。需要知道的是，短视频的拍摄与电影不一样，拍摄短视频不需要曲折离奇的情节，也不需要宏大的场景，而是简单的背景，仅此而已。

需要注意的是，这里的“简”也并不是简陋的意思。而是为了呈现出良好的视觉效果，拍摄的背景简单即好，简单且富有质感，这样的环境更受用户的喜爱。

（2）“快”

这里的快即指情节轻快，又指节奏进展。用户较多都喜欢轻快的画面，这一点需要迎合用户。而情节轻快的同时，也要快速切换画面，这能给用户带来目不暇接的感觉。短视频与纪录片不同，观看短视频的用户比较缺乏耐心，不会用很长的时间来了解视频里要展现的故事，所以把握好节奏，做到“快而不乱”是运营者的基本修养。

要使短视频更具有吸引力，就需要同时把握住“简”和“快”。通过技术手段把短视频的画面做到精致又富有画面质感，并且要使视觉呈现的效果更加生动。

运营短视频更要关注热点，进行实时创新，比如有的用户能将显示场景和虚拟动画场景结合出来，使画面呈现出来的视觉效果更加与众不同。新媒体用户掌握了“简”和“快”这两个特点之后，也应该根据自己的经验和热点，进行一些创新。

3. 转化率之于短视频：将关注变成盈利

据统计，在网页端互联网时，有视频的网络媒体的流量转化率要高于没有视频的网络媒体两倍多，而在今时今日的移动互联网时代，各种资讯异常发达，信息也极度过剩，短视频更是各类新媒体获得流量转化的标配手段。在这样的背景之下，短视频媒体运营者应该思考的是怎么样转化，才能适应这个时代，并且能够获得更高的转化率，才能走在时代的前端。

企业经营新媒体，想要盈利，那么就必须考虑到转化率。这一点和传统媒体是相同的。盈利的最终结果，就是短视频存在的意义。要想实现这一最终目的，唯有将将短视频合理利用。

短视频也被称为“离钱最近的媒介形式”，其在流量转化、内容变现方面具有不可比拟的优势。短视频之所以有这样的优势，主要在于和传统的文字、图片等媒介相比，短视频通过多维度和低成本与用户建立连接，与直播相比，用户在短视频上所消耗的时间比较短，并且用户有时间就能看，不必定时去看，具有较高的灵活性。所以短视频被称为“离钱最近的媒介形式”，并且备受企业的青睐。

从短视频领域目前所处的发展阶段来看，短视频还没有形成一套成熟稳定的流量转化体系，但这并不会影响短视频企业对商业变现套路的探索。也正因短视频的火爆，侧面反映了移动互联网从早起的工具属性转变为平台属性的趋势，这正好为多样化的变现模式创造产生和发展的条件。新的变现模式也会逐步影响传统变现模式的升级换代。可以说，短视频依然处在移动互联网“领头羊”的地位，并且随着企业的逐渐探索，短视频的发展也会逐渐扩大。在这一点上，一条、二更两家短视频可谓是新媒体的典范代表。

一条是一家拥有短视频平台、电商平台和线下店，并且综合了媒体、电商和新零售的公司。在2016年8月，一条旗下的“一条生活馆”正式上线。一条生活馆是一个手机购物平台，用户通过这个平台可以购买各种商品，无论是家具还是日用百货，或者是电子产品、护肤用品，甚至是线下的培训课程和旅游产品，均能在一条的生活馆买到。这时的一条已经和线下的五百多家供应商达成了合作。

通过搭建电商平台实现流量变现，这是当今短视频领域最直接也是最常见的变现方法，而一条与一般电商的不同之处在于，一条生活馆是依托生活美学性的短视频建立起来的，它更像是兴趣电商，而不是一般的电商。

二更则是国内知名的原创短视频内容平台，诞生于 2014 年的 11 月。之所以命名为“二更”，是因为创历时，在每天晚上的“二更”推送一部原创视频。二更又于 2015 年的 4 月正式注册为杭州二更网络科技有限公司。二更和一条的不同之处在于，二更在流量变现方面，使用的方法是和短视频内容制作息息相关的商业定制广告之路。

在广告定制方面，二更已经完成了对 CK 和太平鸟两家的商定制定广告和制作播放任务。二更通过和这些知名品牌合作，不仅获得了可观的收益，而且还提升了二更这个品牌的知名度，可谓名利双收。

其实不管是兴趣电商模式，还是广告定制模式，对于经营短视频的新媒体用户来说，从短视频的角度切入，并且内容获得流量后，再将其变现都是标准商业化的方式。无论从哪一种方式开始，只要能够实行高效率的转化，都是可行的，并且也都值得一试的。企业选择用何种方式，目标都只有一个，就是实现高效率的转化，即完成流量的转化。

流量、视觉、转化率三要素融合的具体体现即在用户的体验上，对于用户来说，初次观看短视频仅仅是因为好奇，随后慢慢养成习惯，有些短视频不会点进去看，而有的看过即忘，但也有的视频看后会选择关注，并且还会常看。能用用户达到种境界，就是三要素完美融合的具体体现。

用户在观看短视频时，首先在视觉上形成了震撼，随后便是具有深度的内容吸引用户留下来。在这个过程中，用户的身份从初识用户到核心用户的转化也得到实现了。所以流量、视觉、转化率三要素必须相互促进、互相影响，才能使短视频能够吸引到用户、并且留下用户。

我们所处的商业环境是逐步上升的，所以短视频的生产也要随着环境的改变而与时俱进。

弹幕营销：让炸雷满天飞

弹幕是指在网络上观看视频时弹出的评论性字幕，它源于日本弹幕视频分享网站，国内首先引进的网站是 AcFun 和 bilibili。弹幕现象是当今社交网络发展的必然现场，它所具备的实时评论和即时互动的特性吸引着大批的网络用户。弹幕的火爆也引起了弹幕广告的出现，并且通过弹幕广告还能实现企业产品的营销和推广。

目前出现的弹幕广告包括视频弹幕广告、电视弹幕广告、影院弹幕广告、户外弹幕广告以及海报事弹幕广告宣传牌等等。在这一节，笔者将以视频弹幕广告为主要的研究对象。

弹幕以前是电脑上的一种射击游戏，当大量的子弹飞向屏幕上方时，形成弹幕景观。而现在，弹幕被理解为"字幕像子弹一样飞"，它与网页评论中的用户评论有所区别，当用户在观看网络视频时，用户可以通过播放器实时发出文字和符号的评论，这些评论字母会被系统保存下来，当视频被再次点播时，评论字幕就会和播放器加载视频文件的同时被载入，并在对应的视频的时间点出现，有的时候，这些评论就如"子弹雨"一样多。雷军和罗永浩都曾经借助直播平台亲自销售自己的产品，并且对网友的弹幕提问进行了开放式的回答。

弹幕兴起时，被归结为即时归属感与二次创作成就感，随着 90 后的成长，他们成为弹幕的热衷者。但随着互联网的发展，弹幕已经脱离了小众文化。

因为弹幕所具备的即时性和随心性，可以使用户的快感有“同步”的感觉，这在一定程度上满足了用户的社交欲望。

在观看视频时，随着情节的展开，上方的弹幕也会随之变化，这使用户的观感体验更强，虽然是独自看视频，但因为各种各样的弹幕，也有与许多人一起看的感觉，并且也能随意地抒发自己的观点。也有的用户会将自己置于“二次创作者”的地位，将短视频与自己的某些想法相连，或者是随意地吐槽，将这些观点也写在弹幕里。

视频上方的弹幕虽然有各种内容，比如吐槽、抒发感想，甚至也有无意义的灌水内容，还有一些广告。但是弹幕拥有强大的随意性，如果用户不喜欢在看视频时出现弹幕，也可以关掉。

这一点基本上也就实现了精准营销里的“物以类聚，人以群分”，根据弹幕，可以确定用户的兴趣点。譬如有的人愿意开着弹幕，那么就是在寻找自己喜欢的弹幕内容，通过弹幕广告等便能轻易将之吸引过来。

这一点，我们可以参考某些电视剧，有人会将电视剧的某些片段进行剪辑，比如女主角的服装、首饰甚至是化妆品等较好的片段剪辑出来放在视频网站上，再在弹幕上标出这些服装或者化妆品的品牌，甚至是链接，通过这种方法，就能实现精准营销的目的。

并且这种方法也不会使用户反感，他们对此会欣然接受，对于屏幕中的广告也会选择去看一看。

现在越来越多的人喜欢在视频播放时发表弹幕，许多品牌也希望能够拥有这样一个互动平台，在这样的状况下，弹幕摇身一变，成为品牌与消费者互动的品牌。

随着弹幕广告的发展，很多传统的广告也开始出现弹幕式画风，比如，手游《大主宰》的户外弹幕广告，甚至飞到了美国纽约。

户外广告之所以会出现弹幕画风，是因为很多的户外广告在利用弹幕原本所拥有的强烈的互动性和情绪化的表达模式外，还能通过数字技术链手机和大屏展开实时互动，这样能增强每一个人对品牌的参与感。

参考弹幕的不仅仅有户外实体广告，还有很多的互联网媒体，他们也采用了弹幕广告的形式，比如腾讯 QQ。

弹幕广告的兴起使用户在观看视频时不仅仅投入到剧情中，还需要关注弹幕。但也有网友认为弹幕广告是见缝插针地植入广告，比如有的影视题材色调变暗时，vivo 在弹幕中插入“vivo X7 柔光前来打光”，这一条弹幕与网友吐槽视频色调的弹幕相互呼应，成为一种趣味式互动吐槽调侃。并且这条弹幕广告出现在电视剧后半段，随着这条弹幕被众多用户看到，且主动转发，vivo 的这个弹幕已经成为一个梗。

也有人认为 vivo 的这种广告是可遇不可求的，其实并非如此，只要去关注网友的吐槽点，并找到合适的场景，就能有相同的效果。

寻找网友的吐槽点，则有很多种方式，在这里笔者以常用的三种方式来举例：第一种，在较有热度的作品播出前，先去相关的贴吧、论坛或者话题等地方耍一耍，看看网友都有哪些担心点和期望点；第二种，看同类型影片，注意网友会在哪个情节点吐槽，或者是吐槽哪一个环节；第三种，看主演演过哪些影视剧，而在哪些影视剧中被吐槽的地方主要在哪里，寻找过往热度的梗。

在找到合适的吐槽点之后，要怎么样才能使自己的梗成为具有热度的梗呢？并且要使这个梗适用于弹幕呢？

1. 制造弹幕艺术

制造弹幕艺术的好处是，可以避免直接贴上图片显得尴尬，又便于网友复制模仿，传播效率高。弹幕艺术可以理解为将文字拼成一幅画，再发出去。比如有的文字组成弹幕形象，并给动漫角色加戏，还有的在弹幕给《甄嬛传》中的皇帝加绿帽，甚至还有人利用弹幕给《还珠格格》中的尔康加鼻孔等等，各种各样的弹幕眼花缭乱，而方法也是千奇百怪。通过这些弹幕，我们也可以不用文字的方式给品牌或者产品加一些“料”，不仅能让用户耳目一新，同时还能得到广泛传播。

2. 为弹幕加戏

这类弹幕一般出现在一些特定的角色出场时，比如当电视剧的女主角出现时，她的妆容搭配就能在弹幕区引起热潮，比如“她的口红是某品牌的某色号”，就会有弹幕对此进行回应，这时便产生了有利于美妆品牌切入的契合点。而某个满脸痘痘的演员出现时，就有弹幕会说“好想帮他去掉痘痘，给他推荐某款祛痘产品”等，这些如果后续跟上文字，打赏“某某祛痘产品好用”等，弹幕里大家必然会讨论哪种品牌的祛痘产品更好。这些方式都能使品牌得到高效率的推广宣传。

3. 预警式弹幕广告刷屏

在看视频时，我们常常看到这样的弹幕“弹幕护体”“前方高能预警，非战斗人员请撤离”等。这一般是惊悚片和一些较为惊险的片段出现之前会出现的预警弹幕，这种高能预警弹幕解救了一批批有探索欲望，却没有探索的胆量的好奇用户。企业便可以灵活运用这类预警弹幕打自己的广告，比如将弹幕护体换成比较具有趣味的弹幕广告护体，让用户在接收到预警的同时也不会产生厌恶。

比如前文提到的梗便可以在这里用作刷屏的弹幕，也有一些品牌会制作大篇幅的弹幕图来遮盖高能部分，完成趣味式的刷屏，通过这种方式来博得用户的好感。

归根结底，弹幕文化的兴起是随着时代发展的，曾有人认为这是属于 90 后特有的一种娱乐方式，但这现在已经成为互联网传播的一种手段。因为要做好品牌，要打造自己的爆品，就要学会利用弹幕，并在恰当的时候通过弹幕来与网友进行互动。

05

打造爆品的 7 大原则

一般来讲，做很多事情都有着一些特定的原则需要遵循。只要你的行为符合相应的原则，那么事情则很容易成功。

做爆品营销也不例外。只要企业的行为符合了打造爆品十大原则的要求，就一定能够创造出属于自己的爆品。

打造品牌要适应粉丝喜好

随着经济的发展，产品的知名度和美誉度越来越重要，几乎决定了企业的敬业质量。品牌的概念也逐渐成熟，然而产品是否能受粉丝喜欢，依然由知名度和美誉度来决定。

中欧商学院的李善友教授曾经这样说过，随着粉丝在市场营销中的地位越来越重要，品牌开始成为产品和粉丝之间的“合谋”，谁的品牌能够吸引粉丝的眼球，让他们参与其中，那么谁在市场竞争中就能赚大钱。

品牌在一般情况下指消费者对产品和产品系列的认知，它是代表商品，并能反映商品综合质量的标志。

而在今天，品牌这个词也经常被消费者挂在嘴上。

当人们看到某样产品，或者是某个文化时，总是会联想到一个品牌，这便代表着人们对这个企业，甚至是对它的产品，都有一种信任感。企业奋斗的目标，便是拥有这样一群用户。他们对企业，及其产品和文化价值、售后服务等都存在一种评价及认知。

市场对于品牌的认可和接受度来源于品牌文化，而品牌文化则体现在产品的质量上，只有产品质量得到了保证，并且随着市场的需求，不断升级和变化，品牌才能逐步从低附加值向高附加值转变，才能产生应有的市场价值。

但是对于企业来说，品牌的转变是为了呼应消费者潜在的需求。品牌来自产品本身，但是它又必须具有比产品更高的属性。

品牌可以与消费者建立更加深层次的联系，品牌真谛我们可以理解为“解开灵魂密码”的钥匙，因为品牌可以与消费者的思想、精神、心灵形成共鸣。而产品的需求则是让消费者产生思考和选择。

也正因如此，企业不仅需要在市场上开展满足消费者物质需求的营销活动，还要去发现并回应消费者的精神需求。只有将消费者的物质层面和精神层面都满足，才能将品牌做得更好，并且成为具有故事和信念的标志性品牌。

比如我们都知道的哈雷摩托，它正是有这样一个经历。

1903 年，二十岁的威廉·哈雷和二十岁的戴维森，他们在一间屋子里鼓捣出一辆摩托车。二人兴奋地将它命名为“哈雷 - 戴维森”。这便是哈雷摩托最开始的样子。

在随后的一百多年里，哈雷摩托逐渐崛起，并拥有了自己稳定的客户群，在全世界两百多个国家拥有了自己的销售点。

在第一次世界大战时，哈雷为美军生产了大约两万辆军用摩托车。可以说，哈雷兄弟的传奇发展与特定的历史环境产生了密切的关系。

而到第二次世界大战结束时，哈雷已经为美军生产了九万辆 WLA 型军用摩托车。就在哈雷摩托车和美军的朝夕相处中，哈雷也逐渐成为军人日常生活中不可或缺的那一部分。

而在哈雷摩托上找到自己精神领域的则是 20 世纪 60 年代

的嬉皮士。在嬉皮士眼中，哈雷摩托的大油门、大排量带来的发动机轰鸣声和高温排气管等与他们狂热的反叛，以及宽大的牛仔裤和粗犷的皮靴等相互印。他们甚至在手臂上印着哈雷标志的文身。在嬉皮士的眼里，哈雷代表着狂热的爱国之情。

随着时代的发展，到了20世纪90年代，许多公司白领的工作压力也越来越大，他们渴望有一种方法能够释放工作和生活中的压力，于是，他们扔掉出门必备的套装和皮鞋，开始穿上象征个性的哈雷套装。他们通过哈雷装扮，来消解平时的压力。哈雷不仅在60年代满足了嬉皮士的精神需求，20世纪90年代，也满足了白领的需求。

我们常在美国电影中看到这样一个场景：一群人坐在巨大的哈雷摩托车上，在引擎的咆哮中，那些人穿着黑色皮夹克，脚蹬牛仔靴，满脸的自豪感。这是哈雷带给一代人的幸福，甚至随着时代发展，哈雷还通过它的方式，影响着下一代人。

哈罗之所以有这样的成就，并不是因为它的速度快，也不是因为它的性能好，或者是具有先进的发动机等，而是它代表了一种独特的生活方式，并且成为一种特殊的行为，它凝聚了激情、野性、叛逆、自由，而这些，是每一个时代都有人在追逐的东西。对于喜欢哈雷摩托的人来说，要去什么地方、到达什么样的目的地不重要，重要的是哈雷拥有的人生态度，以及骑哈雷本身这件事。这便是品牌效应。

一开始，企业参与市场竞争是以产品为手段，但随着产品的发展，最终却是以品牌为手段。

但是，消费者对于某些产品的追求首先是物质，随着一定的发展，最终才能延伸到精神层面。所以无论对于企业来说，还是对于品牌来说，发展不是一蹴而就的，它需要一个过程，并且这个过程是漫长的，毕竟“罗马不是一天建成的”。

在这个过程中，企业需要创造品牌标识、精神内涵等一系列的传播富豪，以此来触动人们，并且还要通过营销手段满足消费者群体最基本的需求，使品牌效应能够渗透到客户的心中，成为客户文化的一部分。

有一首诗今天被广泛引用，即“真金不怕红炉火，酒香不怕巷子深”，有人将“酒香不怕巷子深”与今天的网络营销相结合，可谓非常贴切。今天是一个不同于工业时代的社会经济，昔日产品好自然有人来买变成了“酒香也怕巷子深”，宣传手段多了，酒再香，也没有人有心情闻了。

在这个商业时代，如果没有铁粉，没有社区，那么品牌酒没有未来，产品也不会有销量。有人做过这过这样一个公式：社群势能 = 产品质量 × 连接系数。这个公式意味着社群和产品质量在本质上是一样的，而这个公式也清晰地表明了社群的巨大威力。企业也只有从产品或者社群出发，相互转化，才能将“酒”摆在消费者面前。

反之，如果公司仅有一个连接系统，只是生产出产品，其余的什么也不做，那么就算拥有铁粉，也得不到任何发展。

企业要做品牌，就必须拥有粉丝，只有这样，才能有所进步。粉丝不仅是消费主力军，也是监督者，他们能根据市场发展给企业好的建议，并且在这个过程中督促企业，有助于品牌更好地发展。而企业要想发展，就必须和粉丝携手向前，这样才能树立品牌，打造爆品。对于企业来说，粉丝是品牌的建设者和参与者。

好的产品自己会说话

在这个移动互联网时代，依靠巨大的传播效应，有不少企业认为，营销做得好，粉丝数量大，就算是成功，其实并非如此。营销很重要，但最重要的依然是产品。或许能够因为一些噱头，或者是一个炒作点的能够积累一些粉丝，但能否实现粉丝的转化率，最关键点就是产品。

产品是一切的基础，没有任何一家企业，在产品不过关的情况下，通过营销做成规模，且能将品牌做成长青。以前没有过，在互联网时代，更不可能。粉丝和产品相辅相成，就算拥有粉丝，产品不好，也留不住粉丝。

以往是“得渠道者得天下”，但那只能说明当时中国的通信体系不完善，并且终端造价成本高昂，使一些生产商无法直接面对终端消费者，必须通过渠道商的帮助来完成与消费者之间的产品交付。但在今时今日的消费市场这一点早已被化解，强大的互联网将生产厂商与终端消费者直接相连，产品的性能更是能直接呈现在消费者面前。

移动互联网的出现使生产商与终端消费者之间的不对称性

完全化解了，现在新兴的电子商务企业逐渐渗透到居民消费的观念里，销售渠道也由原来的多层级开始逐渐变为扁平化。

现在很多行业都出现了产品过剩问题，厂商也开始转变思路，从产品的复合和本身出发。这从一定程度上改变了他们原来的低头生产产品的做法，开始主动去了解消费者的兴趣，以及购买欲望。

可以说，许多营销也改变了自己的思路，“渠道至上”已经改为“产品至上”了。消费者现在成了互联网营销的主角，企业需要做到的，则是满足消费者的需求。企业经营者也更加明确地知道，要做到“产品至上”，还需要得到消费者的支持，这样做就必须培养一种极致的思维，将产品与消费者进行合理链接。但“产品至上”中的“产品”，并不只是指物质上的产品，还代表着精神上的产品，但无论是物质，还是精神，都需要做到极致。

只有对产品的质量有了极致的追求和专注，才能有产生好产品的欲望，这是每一个研发者的内核。这种极致思维里又包含着一种精神，就是今天我们所说的匠人精神。

谈到匠人精神，就必须提一提美国苹果公司的联合创始人——已故的史蒂夫·乔布斯。乔布斯可谓是匠人精神的典范，他对产品的极致追求和专注的精神，将苹果公司从绝境带到了世界的巅峰，甚至还引领了国际高端智能移动产品的潮流。也正因为有乔布斯，移动互联网时代的产品的生产商更应该具有匠人精神，并将其融入自己的工作中。

在今天移动互联网时代，就有这样一个类似的、特殊的存在，它就是魅族。在2003年3月，魅族科技有限公司在珠海成立，这时的魅族是一家从事电子产品研发、生产和销售的电子科技研发公司。最开始的几年里，魅族主要生产的是高品质的MP3音乐播放器。魅族从2007年开始研发手机，有很多“魅友”也正是从这个时候开始追逐魅族的脚步。

在中国消费电子厂商中，魅族是一个名副其实的完美主义者，也正是魅族对产品品质的完美追求，让消费者感受到它是一家拥有远大抱负的企业，愿意一路追随。在生产MP3音乐播放器，为了得到更好的音质效果，魅族换掉了合作多年的音频解码芯片供应商，也正因为如此，魅族改变了国产MP3音乐播放器品质低廉的形象。换掉供应商时，魅族说过这样一句话：“有更好的芯片，我为什么不用呢？”从这句话中，我们不仅可以看出魅族完美主义者的内在，还有追求更好品质的决心。

在互联网时代的今天，在网络上，有很多人会拆机电子产品，来分析其的硬件配置。在很多的拆机评测中，我们可以清楚地看到，魅族的手机硬件配置均来自国际一流的供应商。纵然如此，在宣传时，魅族也并没有将此题为卖点，对比其他企业，有很多电子厂商，习惯性地用虚假宣传的方式吸引消费者。

在魅族科技公司，研发人员无比清楚，“产品”远比“收益”重要。甚至可以这么说，对于研发人员来说，艺术家追求艺术，而研发人员的追求就应该是产品，而企业，更应该像对待亲人一样对产品倾注热情，才能俘获消费者。魅族科技公司的研发人员是对科技与技术痴迷的一群人，他们对技术有着精益求精的追求，也正因为如此，他们能对产品投入百分之百的热情。

在当下的互联网时代，几乎实现了“产业媒体化，人人都是媒体”，所以不管是什么样的公司，都会拥有一些固定的粉丝，区别只是数量而已。企业的传播一部分是依赖粉丝，而这些粉丝也就是企业的固定客户，通过他们也能进行产品的分享，可以说，粉丝其实就是产品最好的代言人。

现在还流行一种说法，即“好的产品会说话”，可能有人会好奇，为什么会有这种说法呢？其实就是因为粉丝效应，在这个“人人都是媒体”的时代，好的产品通过粉丝去宣传，即实现了“人人都是媒体”。

在这样一个时代，传播的方式已经不同于传统意义上的传播了，产品做好了，粉丝才会愿意去传播。

在互联网上，企业不需要有广告投入，只要产品好，就有用户愿意去分享，这其实才是企业最好的广告。在网络上，只要你有一个账号，就可以如媒体一般，进行自己的分享与宣传，无论是具有人量粉丝的微博红热，还是微信上的公众账号，抑或是非常普通的一个微博用户，抑或是宣传者，都有成为新媒体的机会。

现在的网络，正是通过这种不断传播，不断转载的方式自由、快速地传播各种信息。企业在其中扮演的角色，并不是大量地投入，而是将产品销售给用户，再通过这样的用户去宣传。

苹果公司和小米公司就有固定的粉丝群，苹果公司的粉丝被称为“果粉”，而小米公司的则是“米粉”，这些粉丝便自发地去用户各家的产品，甚至主动去帮各自品牌的产品呐喊助威。那么必然有人好奇，为什么他们的粉丝愿意这样呢?

答案很简单，在果粉和米粉看来，他们所用的产品的性能等各方面都是比较好的，都是值得去推荐的。

企业只有在满足了消费者的需求，并且让用户产生了极致的体验，用户才会心甘情愿地去分享产品，他们则能从中获得快感和荣誉感。当分享的数量达到一定的程度，就能吸引更多的人成为这一品牌的粉丝。这便是所谓的“引爆潮流”。分享用户体验而引爆潮流的关键点，即用户之间的信任。无论是与陌生人的交流，还是与朋友、亲戚等的坚实关系，都是基于当代消费者感性消费的主流特征。譬如一个朋友或者网友说了某样产品非常好，那么就会使其他的用户产生一定的好奇心，并且主动去关注这一产品，当此人再次遇到这个产品时，或许就会主动去购买这一产品。

这便直接性地提升了产品的体验指数。所以要看产品的优劣，可以产品用户的网络社交平台看评论和转发的数量即可窥知。

毕竟在今时今日，传播速度和范围都是可见的，营销最终是要依靠产品来决定的，而能对产品进行评论的，唯有用户。如果没有好的产品，将无法提升产品的消费价值，那么再好的营销都是一句空话。

而如果没有营销，产品的优势将无法得到体验，对于企业来说，口碑是生命，而对于产品来说，质量就是生命。产品与质量相辅相成，就好比双刃剑，消费者关注的是质量，得到了消费者的关注才能提升企业的口碑。产品在其中，关乎企业的命脉，而质量不好的产品，则能让企业步入危险的境地。

所以企业的产品，要想在粉丝经济时代取胜，就必须生产好的产品。正如管理学家迈克尔·哈默所说的那般："豪华大巴司机的微笑永远不能替代汽车本身。"消费者注重的和乘客注重的是同样的东西，都不是"微笑"。所以企业主必须铭记的是，口碑营销最终还是需要产品来说话。

要输出产品，更要输出价值观

今时今日人人都在谈论营销，那么肯定有人好奇，营销的最高境界究竟是什么样的？其实营销的最高境界不是由销售量决定的，而是要看通过价值观的输出是否能抓住用户的心。

消费者对于产品的外观和功能是变幻无常的，可能某一段时间流行这样的外观，会引起消费者的疯抢，但或许没有持续多久，同样的产品就无人问津了。所以商家应该做的，是去探求消费者头脑中所蕴含的价值取向，或者是去寻中用户内心的某种情况，并将自己产品的核心价值传播给消费者，引起消费者的共鸣。

现在的产品一般含有三种属性，即物质产品、精神产品，以及辅助前两者的周边产品。那么，在定义产品的核心价值观时，就需要从这三种属性出发，并展开分析（如图 5-1 所示）。

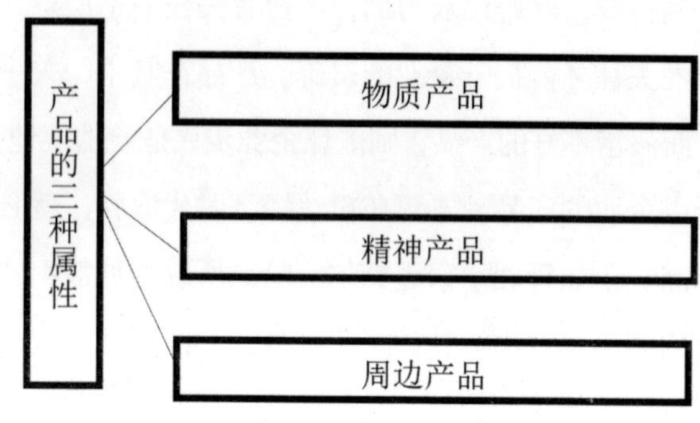

图 5-1　产品的 3 种属性

1. 物质产品

所谓物质产品，即指具有实体外观，精神产品能得以实现的介质，也就是企业向市场所能提供的实体产品服务的具象物。也就是消费者能看到或者是拿到、用到、感受到的产品。一般情况下，这些产品的样式、外观、质量、包装、名称等，都是物质产品的表现。

2. 精神产品

精神产品往往表示消费者通过购买产品所能获得的真正需求，也是消费者在购买产品时所追寻的内在价值。它在产品的整体概念中，属于最基础、最核心的部分。比如女生购买化妆品的目的，她们想要看的是，用了化妆品后自己的容颜更加美丽。又比如有的人在健身房中投入许多金钱，他们要做的并不是去健身房体验器械，而是在健身房中塑造自己的体型，或者是减脂等。

这类产品所蕴含的精神层面必须是让消费者能产生切身的感受，并且感受要足够强烈。企业切不可为这类产品随便编造卖掉，因为这样反而吸引不到消费者。消费者之所以选择这类产品，均是因为有明确的追求。

3. 周边产品

周边产品可以理解为消费者在购买某产品时，产品附带的增值服务，比如质量保证、售后服务、免费送货等等。也就是消费者购买产品时所能得到的附加的服务。

当物质产品、精神产品和周边产品三者组合在一起时，才能算是一套完整的产品概念。虽然在这三种产品中，周边产品是附属属性，但在移动互联网时代，它依然有存在的意义。

在移动互联网时代，销售某样产品时，如果商家不能将产品独特的价值观体现出来，那么消费者很难在众多产品和品牌中去选择。纵观当下的网络销售，有的企业之所以做得很好，就是因为在精神层面投入了许多，才体现出了品牌的企业的附加价值，才使产品在众多商品中脱颖而出。消费者在选择商品时，也并不只是注重某样产品，而是要根据多方面来考量，最后选择某样产品。

我们所熟知的星巴克，它之所以能有今天的覆盖面，并不是她的咖啡有多么纯正，而是因为星巴克将口味转移到了环境上。星巴克的环境受到很多白领人士的喜欢，使“星巴克体验”

成为时尚追逐。企业在做产品营销时，也需要考虑产品的多样性，不能仅从产品的物质出发，而要更多地考虑产品的精神层面。

营销的最高境界不是铺天盖地的广告，而是通过具体的输出俘获消费者。消费者喜欢某样产品，也并不是因为它的广告打得多，更不会是因为它耐砸、扛摔，而是因为它能给自己带来精神上的愉悦，譬如哈雷摩托和星巴克咖啡。喝星巴克咖啡，并不是想要迫切地去追求它的味道，更多的人是喜欢那闲适的环境，也正因为如此，星巴克拥有了自己的粉丝。所以在对于产品的外观、功能、品质等物理属性宣传时，还需要在消费者头脑中灌输产品独特的价值观，引发消费者内心的共鸣。

当消费者真心喜欢某样产品时，会不自觉地为其宣传，甚至带动身边的人为宣传，这才能提升品牌的价值。

超值，是比较的结果

相信很多人都听过这样一个故事：在某个小城里，有两家经营衬衫的服装店。第一家经营的主要是欧洲风格的衬衫，而第二家则是以北美风格为主。两家店的价格都是不相上下的。同样，他们的营业额也都差不多。没过多久，在这个小城开了第三家服装店，它经营的也是欧洲风格的衬衫，但是这个店的价格却要比第一家店贵很多。

显然，第三家店门可罗雀，而第一家店的营业额却得到大幅增长。顾客买陈深时，对比了两家店铺后，会毫不犹豫地选择第一家店的商品，而第二家的营业额也受到了影响，相比之前，这家店的顾客少了许多。

令人惊讶的是，原以为没有营业额的第三家店会垮掉，结果这家店不仅没有垮，反而开了很久。直到有一天，小城里出了一张转让广告，转让的恰好是第一家店和第三家店。这时人们才发现，原来这两家店铺的老板是同一个人。也就是说，第三家店只是第一家店的“陪衬”

在这个故事里，第三家服装店的作用其实是“诱饵”，而第一家服装店才是销售的“目标”，竞争者其实只有一家，即第二家店。

这就是行为营销学中的“价格诱饵”。当人们在两个各方面不相上下的选项之间犹豫时，加入三个选项，会使某一个旧的选项更具有诱惑力。这就是“诱饵”衬托“目标”。其实在日常生活中，这样的例子随处可见，比如在超市的货架上，并排摆放的可乐 2 升和 2.5 升的价格都是五元。

我们去餐厅吃饭时也会发现，有的菜单上总会有一个或者几个贵得离谱的菜。并且这道菜，就算你点了，商家也会说恰好卖完了。这道菜存在的原因其实并不是吸引顾客去店，而是诱导顾客去店与之相比稍微便宜一些的菜。因为当你看到某样特别贵的东西之后，再看到比它便宜一些的，心里就会产生“物美价廉”的感觉。

这类营销手段存在各种各样的商品销售中，比如网费套餐、手机套餐、家电促销等等。但有的时候，“诱饵”其实并不存在。

在一些营销活动中，还有一种营销手段，被称为“幻影诱饵”。这类营销一般在汽车、化妆品、手机等的产品目录中，商家以“顶级配置”“豪华套装”等字眼吸引消费者，并且以此来提高消费者对相关产品的期望价位。

我们在生活中常见的“降价促销”其实也属于“幻影诱饵”。商家会特别强调“原价”与“现价”，然而价格其实差不多。这就是幻影式的诱饵。被商家广泛使用的还有“价格诱饵”，这在营销心理学家还没有总结出来，就已经兴起了，可见它适用的范围之广。现当代兴起的还有“秒杀”，其实这也是一种营销手段。

要知道，消费者需要的不是“便宜”，而是“感觉自己占了便宜”。

只要有效利用这一大众常见的消费心理，在价格上给消费者造成超低折扣、物超所值的感觉，距离销售火爆也就不远了。

重要的是用户的感受

用户体验是指用户在使用产品的过程中建立起来的一种纯主观的感受。这里的用户即消费者。用户在使用某样产品时，最关注的是这样产品能为其带来什么的感受，这感受是好还是坏。用户无论产生什么样的体验，都会反过来作用于企业。因此，企业在为用户提供产品的时候，应该从用户的角度出发，寻找用户的需求点，这样才能提供相应的内容及产品，才能使用户有较好的体验。

其实，用户体验，企业也可以针对性地“设计”，即从用户的角度出发，提供相应的体验方式及内容，让用户能够产生好的用户体验。这样做，企业更容易抓住用户的心，从而刺激消费。

在设计用户体验时，企业不仅需要天马行空地去寻找方法，还需要根据用户的特征来切合实际，策划出与用户密切相关的体验，使用户在这个过程中，能使用户能够更好地感受到企业的产品的优点。只有这样做，才能使用户从整体上有所感受，对产品才会有全面的面接。所以企业要将用户的体验落到实处，并且让用户从不同的阶段去感受产品。这种方式能扩大吸引用户的市场面积，从而使更多的用户了解到产品。

在用户体验的这个过程中，有几个关键点需要把握住（如图 5-2 所示）。

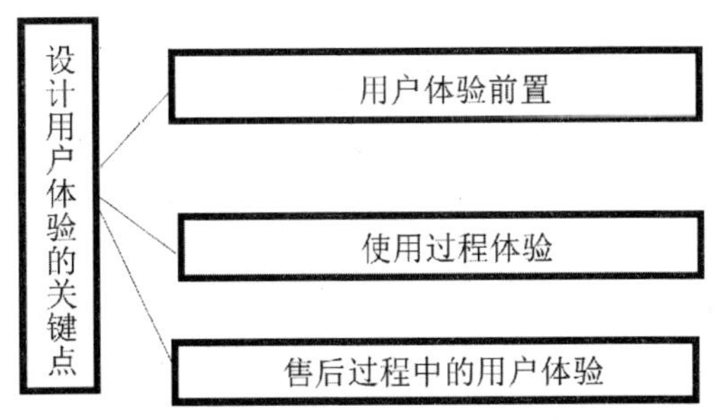

图 5-2　设计用户体验需要注意的关键点

1. **用户体验前置**

很多人认为，用户体验就是消费者拿到产品之后产生的感受，所以用户体验是从拿到产品的那一刻开始的。其实不是，对于企业来说，用户体验是在企业确定要生产这件产品时，就应该让用户能够感受到企业和产品，并使用户与企业和产品之间发生一些联系。这就是用户体验前置。

互联网时代的企业，更应该想办法让用户对产品产生一定的兴趣，并将这种兴趣传达给别的用户，使用户体验和营销过程都前置。互联网企业和传统行业的区别之一，即虽然产品经过了包装设计，技术指标等也都达标了，甚至营销的力度也大、广告也投入得非常多，但用户就是无法感受到这个产品，也不了解这个企业做过什么，经营的领域时什么，又或者企业的发展历程是怎么样的。这些与用户可以说既没有关系，他们也不知道。也正因如此，他们在没有拿到产品之前，更难以对有较好的用户的体验，所以互联网企业，更应该想方设法将一些用户体验传达给这类用户。

2. **使用过程体验**

使用过程体验指的是产品销售出去之后，用户在使用的这个过程中产生的感受。这个过程体验是最为重要的，因为产品究竟怎么样，只有用的时候才能知道。企业需要做的，就是在用户使用产品的时候，再为用户提供一些辅助性的服务，这样既有助于用户了解产品，还能提高用户的体验感，使用户的体验感能够得到再次放大。

关于这一点，我们就拿"雕爷牛腩"来给大家举例。

雕爷牛腩是中国第一家"轻奢餐"餐饮品牌，其烹饪牛腩的秘方，是向周星驰的电影《食神》中的原型人物——香港食神戴龙，以五百万元购买而得。雕爷牛腩与其他的餐饮业最大的区别是，他设置了一个餐饮行业没有的职位——CEO，即"首席体验官"。雕爷牛腩的 CEO 需要从客户的角度来体验餐厅的服务水平，还需要管理食客对餐厅的意见反馈，并且随时观察食客的表现，全心全意地为食客服务。CEO 还有权为客户免除小菜和茶水等服务的费用，并且还未慕名而来的客户提供惊喜和感动等等。

很多餐厅和工业企业一样，产品卖出去，结了账后，就不会再管用户了，之后如果有任何问题，都让用户自行解决。甚至有的餐厅，上菜后就算有任何问题，也不会搭理食客，而有的工业企业也是如此，产品销售之后，用户不了解注意事项及使用方法，他们也会不管不顾，任由用户自己自去琢磨。这样做明显得不到用户的青睐。雕爷牛腩的 CEO 其实就是为了增强用户的体验过程，且不论雕爷牛腩后来的发展与方向，起码就这个过程赢得了大批用户的赞誉。做企业也应该这样，在卖出去产品的同时，还要为用户答疑解惑，这样产品在受到用户欢迎的同时，企业的口碑也能上涨。

3. 售后过程中的用户体验

在互联网时代，以互联网经营为主的企业，更应该关注顾客前期的感受和消费意向，并且在销售完产品后，也应该对商品质量进行调查，询问用户对产品是否满意、产品是否存在质量上的问题等等。

如果企业能保持对消费者的重视，就能和消费者建立超过买卖关系的信任感，久而久之，不仅对产品的销量提神有帮助，还能通过消费者扩大企业的宣传面。企业这样做，在消费者中，就能获得更高的评价，这对于产品销售和品牌推广，都有莫大的助益。

在互联网时代的营销中，用户体验最为重要。很多企业明白了这一点，于是将发展的核心放在用户上，关注用户所关心的问题，了解客户的需求，如果客户在使用产品时，遇到任何问题，都能立即帮助解决。这在满足用户的同时，还能实现自我价值，并且间接加强了用户对于企业的依赖和信任。有的企业觉得这些都是无所谓的，这类企业，可能产品会一时火爆，但因为不注重用户体验，不把我用户潜在的需求，在后续的销售环节中，产品的热度也会逐渐降点，对于品牌的影响也是莫大的。

与用户体验相关的例子比比皆是，比如奇虎 360 公司。

奇虎 360 是北京奇虎科技有限公司的简称。主营 360 杀毒为代表的免费网络安全平台和拥有问答等独立业务的公司。主要依靠在线广告、游戏、互联网和增值业务创收。

在 2006 年，几乎当时所有的互联网公司都瞄准了“流氓软件”的制作。因为这样更容易赚钱，而且是赚大钱。在这样的形势下，奇虎 360 打着“用户体验才是王道”的旗帜，依然站出来阻断了“流氓软件”。虽然这使奇虎 360 被很多互联网公司攻击，并且在网上，也有很多互联网大佬发大字报，联合声讨奇虎 360 不地道。奇虎 360 差点因此而倒下，它之所以没有倒下，是因为有海量的用户支持，助它转危为安。用户支持奇虎 360 的原因非常简单，因为它的产品给用户提供了便利，并且解决了实际问题。这极大地提升了用户使用产品时的体验。

在这之后，奇虎 360 更是将用户体验放在首要位置上，而用户也开始成倍地增长。在这个过程中，奇虎 360 也逐渐变得更加强大了。

这个例子也说明，企业只有将用户体验放在首位，将用户遇到的问题解决了，才能赢得用户的关注。只有这样，才能在市场占据一片天，就算因此被同行抵制，也没有关系，在这条路上，用户才是最重要的。

奇虎 360 正是秉持这样的宗旨，才顺利跨过了遇到的问题，才有了今天的 360。

经营企业，切不可小看用户。用户都有自己的辨识能力，他们能分析产品的优劣，只要产品做得好，企业能解决用户遇到的问题，那么，这些用户能可以称为企业最坚定的拥护者。获得了用户的支持后，企业才有发展的基础和保障，在这个时候，更应该明确地去分析用户的需求，并据此生产产品。

有很多互联网公司，当获得一批流量时，就会被迷惑，便一味追求“利”。这样做，迟早会被市场及用户淘汰掉。当企业获得用户和流量后，更应该将用户体验放在首位，才能成就自己的时代。就是奇虎 360 一样，如果在赢得用户的时候，奇虎 360 也开始追求利，那它怎么会有现在的辉煌。奇虎 360 其实给广大的互联网企业上了一课，在这个互联网时代，没有用户体验，就不会有未来。

在互联网时代，想要成功创业，一定要记住，要竭尽全力满足那些行业内无法满足的客户需求。只有做到了这一点，才能成为客户心中最好服务的提供者，和最具有竞争力的企业。要塑造用户心中的良好形象，要满足用户的使用体验，就需要做到这一点。这是互联网环境下塑造的企业文化，也是互联网时代企业必须追逐的高峰。

要想企业和产品不被用户淡忘，就只能将用户体验做到极致，并赢得用户的依赖和信任。有人说，现在是一个以消费者为核心的时代。确实是这样，以消费者为核心，以前的信息时间和空间层面的不对称性也被打破了。在这个时代，用户转移成本变得非常低，甚至用户不必接受一些企业不好的服务态度。用户可以随意选择自己喜欢的产品，如果不喜欢，甚至可以通过多种渠道影响这个产品的销量。企业能做的，只有做好产品，利用好的用户体验留住客户。

这样的例子有很多，曾经 MSN 就是最好的例子。

IM（即时通讯服务）工具是互联网时代最受人们重视的应用之一，腾讯的建立，就是凭借即时通信工具 QQ 的成功。

而 MSN 曾经是全球用户最多的 IM 工具。MSN 的全称 Microsoft Service Network，是微软公司（Microsoft）旗下

的门户网站。MSN 是微软公司发布的一款即时通讯软件，可以与亲人、朋友、工作伙伴进行文字聊天、语音对话、视频会议等。曾经的 MSN 是白领人群首选的高端 IM 工具，而用 QQ 的人不仅是少数，还会被看不起。转折点出现在 2012 年，这一年微软公司发布公告，将在全球范围内以 Skype 全面替代 MSN。但中国的 MSN 却没有发生迁移，原因就在于腾讯 QQ 崛起了，它打败了 MSN，并且占领了中国 IM 市场。

MSN 之所以失败，原因并不全在它的迁移上，很大一部分原因在于其自身。用户在使用 MSN 时，发现了很多实际性的问题，如垃圾信息多、文件传输限制、频繁掉线、信息丢失、病毒链接无所不在等等。因为 MSN 这些实际性的问题，有的用户将注意力转到到了 QQ 上。而 QQ 则一直根据用户体验在不断改善。如，为了显示新消息，QQ 会闪动；利用邮箱发超大文件时，如果中断了，还支持断点续传；在工作时，还可以隐藏面板等等。

这些优点，让使用 QQ 的人留下了，并且通过他们的传播，将 MSN 用户也引到了 QQ 上，

可以说，正是 QQ 注重用户体验，才赢得了 IM 市场。用户体验效果，可以直接决定一款产品是否能成为爆品。所以企业要打造爆品，最重要的是提升用户体验感，只有这样，才能带动产品销售，并将销售量提高。

建立和消费者之间的最短路径

今天，我们常听到企业主感叹，经营企业是越来越困难了。确实如此，企业的路越走越艰难，但要想使企业顺利走下去，就必须掌握市场。这一点，我们在前文也曾提到过。企业想要顺利发展，就必须掌控终端渠道，并在参与市场竞争，从中胜出时争取到发展的基础条件。

那么，企业需要如何掌握终端渠道的长度、宽度和密度呢？又要如何掌握呢？这个问题，我们在下文中将做出解答。

渠道的长度在这里主要指渠道的层级。渠道的长度越长，那么企业对渠道的掌控力就会越弱，这也会直接性地导致反应变慢，成本也就随之变低。而企业的宽度，指的则是企业拥有渠道的类型的数量。当渠道宽的时候，它所覆盖渠道的类型也就越多，而其在市场上的能见度也就随之相应地变高了。渠道的密度指的则是渠道成员的数量。一般情况下，渠道密度越高表示渠道的成员非常多，而覆盖的终端数量也就越多了，这也就使企业对渠道的掌控也变强了。

企业要掌握终端渠道，其实这也正好印证了一个成语——鞭长莫及。有的企业的品牌很响亮，产业也不错，但是经过经销商、代理商、零售店等一系列渠道的传递之后，企业和消费者的距离也就随之变远，用户的体验也随之受到影响。产品销量上不去，但企业主却不知道是在哪一个环节受到了影响，其实这就是应为终端渠道距离企业太远，企业主无法直接面对消费者。

所以在消费者和生产线之间，不能没有最短的路径。但随着互联网的兴起，有的企业也通过自己的方式将流程简化了，建立起了与消费者的最短通道。最明显的例子就是小米。雷军已经通过小米的成功证明了“零门店”模式的销量。相信这必然会引起更多企业的追随和效仿。

在这以前，手机销售走的一直都是传统的实体店销售模式，就连一直拥有强大粉丝群的苹果和三星等都是如此。而传统的实体销售一般包括两种方式，一种是与移动运营商合作，推出合约机型；另一种则是门店销售，即是通过全国各级代理商，在商场、手机城、专卖店等地方进行销售。

在这里，渠道对于传统的手机制造商是一个非常高的门槛。手机制造商只有拥有强势的品牌，才能构筑自己的渠道，但相对的是，如果没有渠道，就算是手机再好，也无法进入消费者的视野。就算是通过各种方法，消费者知道了这一款手机，也需要经历物流、仓储、国家代理、省级代理、地区代理等一系列中间环节。

这些中间环节，对于企业而言，不仅意味着需要投入较大的人力、无力、财力和巨大的时间成本，意味着手机到达消费者手中时，价格已经不是最初的价格了——它经历了层层加价。传统的销售店面看待消费者的方式是“抓住一个，消费者就算一个”，这也就导致，消费者想要购买的，或许并不是最适合自己的，甚至性价比等也不是最好的。就好比企业销售的本是一种高浓度的酒，而到了销售店面里，它变成了一瓶酒精含量非常低的饮品。

而小米总裁雷军做的，即是省掉手机行业中间的所有环节。他颠覆了传统手机的销售模式，并且给了小米手机新的定位：不设置任何线下销售渠道，只通过电子商务的方式在互联网上卖手机。

雷军的这一方法，直接性地颠覆了传统手机行业的销售路径。他通过互联网销售手机的模样，将购买小米手机的费用从渠道上省了下来，并将它回馈给“米粉”。这也是小米能打造“千元智能机”的原因之一。小米能成功还有最为重要的一个原因，节省了渠道上所耗费的成本、时间及精力，这样一来，小米也就直接性地控制住了成本，而在产品上，则能投入更多的时间和精力。

小米的成功引起许多企业的学习和效仿，这些经典的案例也告诉每一位企业主，产品不进入层层渠道，也能使企业有所收益。但需要注意的是，之所以成功，是简化了流程，在企业与消费者之间，直接性地建立了联系。

这一点，值得参考的还有我国 B2C 市场最大的网购专业平台——京东。

京东是中国自营式电商企业，旗下设有京东商城、京东金融、拍拍网、京东智能、O2O 及海外事业部等。2014 年 5 月，京东集团在没脱纳斯达克证券交易所正式挂牌上市。京东商城是我国的电子领域最受欢迎，且最具影响力的电子商务网站之一。京东商城的成功，与其良好的经营模式是密不可分的。其中，最值得称赞的是京东庞大的物流体系。

相信曾有人产生过这样的疑问：京东为什么要自建物流？

在 B2C 兴起之时，很多企业都将物流外包出去。对于这些企业来说，物流体系耗资巨大，在这上面投入，实在没有必要。但是，京东不仅没有将物流外包，而且还创办了自己的物流体系。京东之所以这么做，就是为了能使商品以最快、最简单的途径，直接到达消费者的手中。目前，京东的物流配送系统已经有两套了，一套是与第三方合作的，而另一套，就是京东自建的。

在 2010 年的 4 月份，京东商城在北京推出“211 限时达”服务。“211 限时达”，即当日上午 11 点前提交的现货订单当日送达；当日 23 点前提交的订单次日 15 点前送到。与 211 限时达同时上线的，还有对全国做出“售后 100 分”的服务承诺。“服务 100 分”，即产品如有质量问题，京东售后在 100 分钟之内解决。

随着不断地调整，如今京东商城的服务正在越来越快，现在只要购买的是京东自主供货的现货商品，从下单到准备发货只需要一个小时左右，并且用户还能随时在线查看订单进程，跟踪物流信息等，除去特殊情况，用户基本上上午 11 点前下单，当天就能收到货物。

京东商城备受用户赞誉的还有一点，即退换货。在很多

B2C 平台上，退换货是一大麻烦事，无论商品是否有问题，退换货都要备受商家的刁难。而在京东商城，退换货的流程则非常简单。京东商城有这样一个规定，产品售出之日（以实际收货日期为准）起 7 日内可以退货，15 日内可以换货。用户收到产品后，如果存在质量问题，在京东商城提交退换货申请，根据京东商城的“售后 100 分”条款，售后服务部的工作人员在 100 分钟内就会处理好所有问题。其实虽然是“100 分”，但实际不会超过 50 分钟，用户就会接受京东商城的电话。当工作人员了解了具体的情况后，三天之内就会有京东的工作人员免费上门提供退换货服务。

虽然京东自建物流时可能并没有人理解，但随着这几年京东的发展，也越来越多的人明白，通过自建物流，京东实现了与消费者之间的最短路径。正如有人评论说，京东商城让消费者享受到了足不出户，坐享其成的便利。也正是这“便利”，在网购时，越来越多的人愿意选择京东。

今天的京东商城市值 400 亿美元，不仅整合了腾讯旗下的电商资源，还与天猫并列成 B2C 两极。我们甚至可以大胆预估，此时的京东商城，是十年来最辉煌的时刻。

而它之所以能有这样的成绩，就是因为缩短了与消费者之间的距离，并建立了最短的路径。

简化流程，建立和消费者之间的最短路径，无疑是打造爆品的一项重要原则。

从京东和小米的案例中，我们也可以看出，打造爆品最重要的一项原则，就是建立与消费者之间的最短路径。

营销需要碎片化

在经营中，企业在市场投入营销的资源如果用百分比计算，那么投入将是百分之百，但是，信息在传播过程中需要以碎片化的方式来进行，在这样拆分后，投入的百分百的资源中，只有百分之一被消费者接受了，而其余的百分之九十九的资源，则被浪费了。而作为企业，要如何利用资源？要怎么样做，所投入的资源能够全部被用户接受呢？

针对这一点，我们可以利用“碎营销”的方式来应对。

互联网信息时代，已将人们的信息彻底碎片化了，作为企业，就一定要适应这一趋势，并以此为契机，开发出新的营销模式。也正因为人的信息碎片化了，企业行之有效地进行“碎营销”。“碎营销”是根据网络断块的特点，将企业的营销也断开，并分散到用户的碎片中，与用户的碎片进行彻底的融合。

在这里，我们可以将企业的营销碎片看作是磁铁，它会将用户的碎片吸引过来，并紧紧地吸附在自己的身上。“碎营销”其实也是企业一种自我打散的营销方法。这种方法也可以看作是从小处着手，这也符合移动互联网思维的创新点。既然旧的方法投入百分之百的资源，只有百分之一被吸收，那么，就应该寻找更加符合这个时代的新的方法。作为企业主，要随时跟进时代的步伐，不能盲目追求更大规模的感官冲击。

也正因为用户的时间基本上已将被碎片化，很少有人能在一件事情上投入过多关注，也不会去关注比较长的事件，对于那些花哨的广告，也开始产生抵触心理。越来越多事实证明，当用户察觉到某样事件其实是企业刻意的宣传时，他们会下意识地去屏蔽这个企业的信息。

这也说明，传统的广告行为不会有助于企业提高产品销量，更不会对品牌有任何帮助。当用户选择屏蔽某个企业时，不管它的产品有多好，他们都不会去购买。在用户看来，反正类似的产品还有很多。

也正因为这种情况，企业在做营销时，需要采取“化整为零”的方式，这样不仅可以将品牌信息传播到各个角落，还能在无形中渗透到人们的生活中。把品牌形象以润物细无声的方式植入消费者心中，而不是以传统的营销方式强加给消费者。在现代，有很多电影、电视剧中都有很多“破碎营销”，这种广告植入，也是一种破碎的营销手段，但如果为了达到目的，在影片中投入过量的广告，那么必然会起反作用。

但是，如果某样产品的营销做得非常好，甚至到了潜移默化影响别人的状态，那么就算是这个人不用这样产品，但是他身边的人有需要时，他也会尽其所能地进行推荐。譬如有的人买电脑时，对于电脑的了解并没有那么深入，就会更加愿意听信身边人的介绍。当其他人介绍某个品牌的电脑时，一般会从这三个方面来进行推荐：一是使用时是否流畅；二是售后服务；三是外形等等。

如果进行碎片化营销时，能够将这些传达给消费者，就算是接收到信息的人不购买这一款电脑，他也会关注这一信息，当需要时，这些信息就能成为他与产品之间的纽带。

碎片化营销并不是直接卖产品，而是进行更深入的营销。向市场输入百分之百的资源，但用户仅能接收到百分之一。而碎片化则是输入百分之百，且要使用户能够接收到百分之百。二者的区别是传统营销和碎片化营销的区别，还有的区别则是卖产品以及卖品牌的区别。

06

推动产品持续火爆的8大策略

当你打造出了一款爆品之后，一定不希望它像流星一般转瞬即逝。任何一个企业都会希望自己的产品能够持续火爆下去，创造出更多的利润，但是很少有人知道该怎样做才能令产品持续火爆。

本章将就这一问题展开详细的讲解，希望可以为广大的企业营销人员提供指导和帮助。

病毒营销：高效率的复制传播

病毒营销 (Viral Marketing) 又被称为病毒式营销。营销方式是利用已有的社交网络，去提升品牌知名度，或者达到其他的市场营销目的。之所以被称为病毒营销，即因为其具有类似病理方面和计算机方面的病毒传播方式，也就是说，具有自我复制的病毒式的传播过程。

从经济学方面来看，病毒营销像病毒一样，主要利用快速复制的方式将信息传送到以百计，甚至是以千计的受众。它有一种滚雪球式的传播效果，因为这种营销一开始是信息源，再通过用户自发的口碑宣传，随着雪球越滚越大，它的传播速度也会越来越快。

但病毒效应最开始的时候，并不是用来形容营销，它是由任天堂的前社长山内溥提出来的。山内溥提出病毒效应，指的是一些在发售之初不被人关注的优秀作品，随着时间的推移，这些作品也逐渐走红被人关注，即病毒效应。但是到了现在，病毒效应成为营销的一种手段。

病毒营销与山内溥最初用来形容作品的病毒效应其实并没有多大的差别，病毒营销也是通过一位用户传播给另一位用户，随着用户的不断传播，知晓的人越来越多。这种传播方式，在以前还有另一个名字，叫口碑行销（word-of-mouth communication），到了 2013 年之后，又被称为耳语（buzz）。

艾利朗·卡茨（Elihu Karz）和保罗·拉沙非（Paul Lazarfeld）在他们的著作《个人影响》（*Personal Influence*）一书中，提出以策略观点来思考耳语的动机。在这本书中，他们声称，比较消费者对消费者接触时的力量，与其他形式的大众传播，并假设该过程透过一种两级流动（two-step flow）运作。

比如某个人具有一定的影响力，而吸收资讯并将其传播给他接触到的一些人，其中最为重要的，则是影响人物的影响力，这来自他们与社群还有其他人的关系中。除此之外，这些人比较难以接受或者是吸收到资讯。

在了解了病毒营销的详细定义之后，我们再来谈论病毒营销的方式及其需要主要的要点。使用病毒营销，最为重要的是寻找到营销的引爆点，即如何打动消费者，如何让消费者愿意深入了解产品及品牌。还有一个最为关键的问题，即如何找到既能迎合目标用户，又能正面宣传话题的关键。

找准这些关键点之后，才能正式开始进行病毒营销。病毒营销能直接性地切入主题，寻找到营销的核心问题，这也是病毒营销是网络营销中性价比最高的原因。

正确使用病毒营销，对于引爆企业产品具有非常显著的效果。但是，如何正确使用，使用是需要遵循哪些要素，则是我们即将讲到的。

美国有一个著名的电子商务顾问 Ralph F. Wilson 博士，他将病毒营销战略归纳为六个基本的要素（如图 6-1 所示）。虽然营销战略不一定要包含所有的要素，但包含得越多，营销的效果可能也就越好。在这里，我们将一一为大家分析。

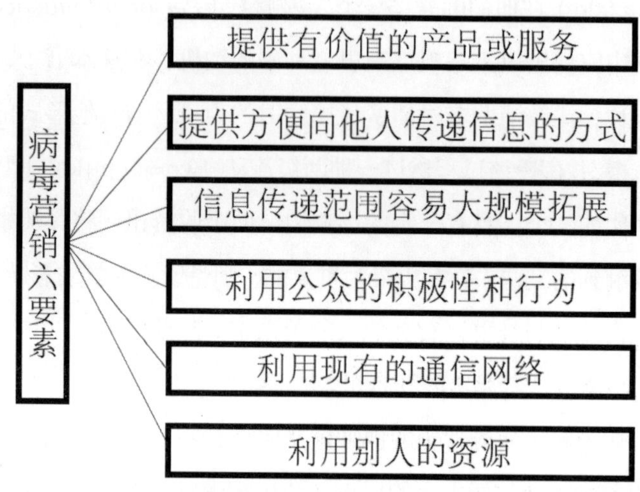

图 6-1　病毒营销六要素

1. 提供有价值的产品或服务

今天我们常见的营销策略中，有这样一个词频繁出现在大众眼前——免费。并且有的时候，虽然是免费的产品，但性价比却是非常高的，比如免费的 e-mail 服务和信息，甚至还有一些具有强大功能但是却免费的软件。这是因为，经过市场营销人员统计，“免费”是人们最喜欢的词语，所以大多数的病毒性营销计划，都是以免费的产品或者服务来引起人们的注意。

免费并不意味着没有收益，当免费的商品放出后，便能吸引客户，之后进行其他产品的再消费。这便是免费的妙用。合理利用这一妙招，能够刺激消费者高涨的需求。

还能根据不同的产品进行不同程度上的免费，比如一些耗材型的产品，可以使用商品免费，而耗材资费的方式。这种方式就可以使消费者能够免费获得产品，但是该产品引发的其他产品则需要付费。而有的产品则可以免费体验，得到了客户的信任，再进行成交。

这里需要注意的是，在以免费的方式做营销时，切不可选一些可以有也可以没有的产品，一定要与企业自己主打的产品息息相关，而且是对消费者有价值的产品。只有这样，免费也才有自己的“价值”可言。

2. 提供方便向他人传递信息的方式

病毒式营销有一个特点，即和普通的病毒一样，容易传播。病毒式营销之所以能在互联网广为传播，就是因为在网上，它能极好地发挥作用，因为即时通信工具让这些信息变得更为廉价，数字格式也使复制等功能变得更加简单。这从营销的角度来分析，即，营销必须简单，且越简短越好。

在流感时期，大家都会记住这些劝告“远离咳嗽的病人”“经常洗手，不要触摸眼睛、鼻子和嘴巴”。这些劝告看起来很随意，且通俗易懂，病毒式营销也应该遵循这种原则，要让人能够轻易记住，在传达给别人时，被传达的人也能瞬间铭记。

3. 信息传递范围容易大规模拓展

要使营销内容能够像野火一样扩散，就必须将内容变得更加容易被理解。这同样可以拿病毒来举例。如果病毒在扩散之前主体就被扼杀了，那么也就谈不上扩散了。但很多病毒都能得到扩散，就在于它自身的存在很小，小到不被人注意，但却有一定的覆盖面，并且随着环境的变化能够主动调整自己。病毒式营销需要注意的同样也是这一点，要将产品的细节拆分，不仅是做到易传播，并且还要将最为重要的产品优点融合其中。

4. 利用公众的积极性和行为

人都是好奇的，所以早起网络上的 Netscape Now 按钮需求数目能够激增。不管是什么样的人，对未知都有好奇的心态，并且当拥有一样产品时，会希望能够拥有更好的，这也就是人类的驱动力。正如人们对于通信的需求，甚至驱动了数以百万计的网站和数以十亿计的 e-mail。使用病毒性营销时，也要巧妙地利用公众的这一特点，这样才能更容易使营销战略取得成功。

5. 利用现有的通信网络

社会学家总结出这样一条数据，每个人都生活在八至十二个人的亲密网络之中，这些人可能是朋友、同事，也有可能是家庭成员。每一个人根据社会中的不同位置，在自己的网络中甚至可能有几十甚至上千人。

最简单的例子，即，一个服务生在一周之内，可能会定时与数百位顾客产生联系。而网络营销人员需要注意的是，熟练使用这些人类网络，不论是亲密的网络关系还是松散的网络关系，将其运用起来，便是一条完整的营销链条。

6. 利用别人的资源

病毒式营销中，最具有创造性的是利用别人的资源达到自己的营销计划。例如，在别人的网站上上传自己的图片或者文本的链接，当用户在浏览网站时，就会发现这些图片或者文本，并被好奇心引导点进去。也可以在一些网页上发布一些营销信息，只要有人看到，这些信息就会为你带来资源。

饥饿营销：不断刺激消费者购买欲

饥饿营销一般指商品的提供者有意调低商品产量，以调控供求关系，制造出供不应求的假象。这样做的目的，是维护产品形象，并维持商品的较高售价和利润率的一种营销策略。这种营销方式一般运用与商品或服务的商业推广中。

饥饿营销存在我们生活的方方面面，但是并不一定能被人注意到，比如买房时，需要先登记，并交诚意金，买车则是交定金并且排队等候，而各种“秒杀”“限量版”更是层出不穷。可能也有人好奇，今天物资丰富，为什么还会存在这种供不应求的现象？一般得到的解释都是，这是刚性需求。那么，它究竟是刚性需求还是商家的营销手段呢？什么样的产品才适合这种饥饿营销呢？这一点，我们在下文将展开分析。

饥饿营销的常规方式是，商家生产某样产品时，会投入大量的广告为其宣传，全面激发顾客的购买欲望，然后通过各种手段来营销这个产品，并且还会拉长产品上市的时间，让用户有等待的心情，进一步提升用户的购买欲望。

这么做的目的，就是无限地激发顾客的购买欲望，再通过调节供求两端的量来影响终端的售价，以此达到加价的目的。合理利用调节营销，能够将产品的定价提高，并且限制供货量，造成供不应求的热销假象后快速将产品售出，还能够吸引潜在的消费者。

但饥饿营销的最终目的，并不仅仅是为了得到较好的收益和吸引一批粉丝，而是通过这种方式，为品牌树立起更高价值的形象。

企业要使用饥饿营销时，需要注意的是，当产品综合竞争力和不可替代性较强、市场竞争不充分和消费者心态不够成熟时，饥饿营销才能更好地发挥作用。因为饥饿营销与产品的替代性、市场竞争度、消费者成熟度密切相关。如果三者没有达到要求，或者说某一要素没有达到要求，那么最好不要使用饥饿营销。

这一点也就说明，饥饿营销比较适合不容易形成单个商品重复购买的行业，而且产品的单价比较高。而有的产品或者服务也有一定的差异化和优势，能够在一定的范围内引起品牌的黏性。所以使用饥饿营销时，要根据产品和市场的进行来进行分析。

当企业决定了要使用饥饿营销这一手段时，可以根据以下步骤进行（如图 6-2 所示）。

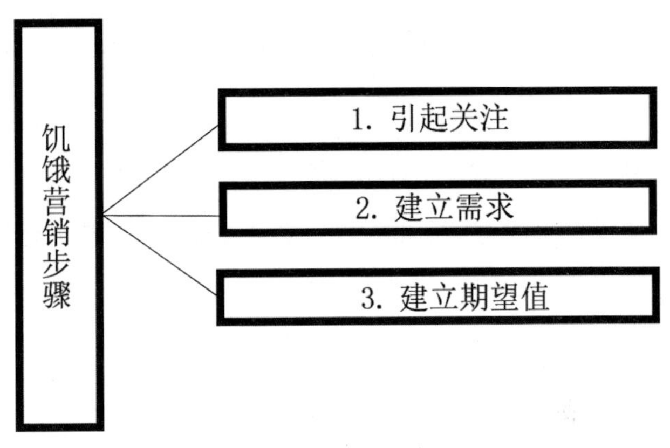

图 6-2　饥饿营销步骤

1. 引起关注

要进行饥饿营销，就必须有用户关注，或者是有方法能够引起用户关注。如果做饥饿营销，没有用户关注，那么就无从谈起“饥饿”一说，饿的只会是企业自己。

在引起用户关注后，要引导用户对产品有初步的了解。在这个时候，可以使用免费赠送小样等方式来吸引一部分用户。

2. 建立需求

需要注意的是，一定不能仅仅是吸引用户关注。如果只是吸引用户关注，但并没有激发用户的需求，那么这还不能算是成功。在得到用户的关注后，要进一步激发用户的需求，要使用户产生“想要拥有产品”的需求。

3. 建立期望值

饥饿营销最重要的一点，即使用户建立期望值。当用户有了一定的期望值，对于产品的兴趣才会越来越强烈。

产品好不好，最终由消费者来确定。但是饥饿营销的特点就在于，消费者还没有拿到产品，就要认定这个产品很好，不仅会适合自己，而且还有超高的性价比。当用户产生了这种想法，饥饿营销才有施展的空间。企业需要做的，则是不断地激发消费者，在这场持久战中，通过品牌形象、品牌个性、产品的功能性利益等方式去引导消费者，以这种方式告诉消费者，这个产品不仅值得他等待，对市场更会产生一定的影响。

在这个过程中，如果企业有任何盲目的，或者是自我膨胀的经济行为都将注定这场营销会以失败告终。如果企业一味高挂消费者的胃口，那么注定消耗一部分人的耐心，一旦突破了消费者的心理底线，这场营销就注定一场空。所以企业需要把握好尺度，并且随时关注营销进展。市场存在诸多的不确定性，如果出现任何意外，企业却没能做到提前预测或者是忽略了，必然就会影响最终结果。

饥饿营销在一些固定的行业会备受企业关注，比如有的名牌汽车新款上市时，一般都会采用饥饿营销的方式进行促销。

在这个时候买新车，不仅要排队等候，有的时候还需要交完钱再排队等候，甚至有时还会加价销售，更有甚者还需要找人托关系才能买到。

这就是厂家利用饥饿营销的方式，将消费者对于产品的拥有度无限地方法了，但消费者并不会察觉到，他们会执着地想要拥有某款产品。商家则能趁机提高价格进行销售，或是保持原定的价格销售，但是销售的速度却比普通的车辆要快很多。

与汽车行业相同的还有房地产行业。

有的楼盘在开盘前后，开发商会大量地发布广告宣传，吸引人群前去看楼。而看楼的人不仅仅是去“看”，开发商的销售会在这个过程中激发消费者的兴趣，促使消费者登记，并交付一定的诚意金，或者登记成为 VIP。

还有的开发商还会张榜公布销售情况，造成楼盘即将售完或者是临时性缺货的假象，给消费者带来恐慌。

房地产对于饥饿营销的方式非常多样化，在楼市旺季还会有两种捂盘惜售的方式来制造饥饿营销。一是当已有房子销售到一定程度时，开发商会立即停止销售，把一些相对较好的房子留到下一期一起卖，这样做的目的是为了之后能卖个更高的价格；二是放慢销售速度，拉长整个销售周期，如果销售周期是一年，那么这一年中，就会有多次机会可以调整价格。

不同的开发商有不一样的营销方式，比如有的一次只开卖一栋楼，或者只有几十套房子，如果人不够一次售罄，那么就继续延期开盘。这样不仅可以制造出热销的气氛，使消费者的拥有与更大增长，还能继续提高价格。

饥饿营销的最终目的就是让消费者无法控制自己的购买欲望，想要在最短的时间内拥有某样产品。苹果公司也是擅长使用饥饿营销的企业之一，它也无数次使消费者为其产品疯狂。

在苹果 4s 手机上市时，相信有很多消费者对于苹果授权经销商地贴出的“近期 iPhone 没货”的公告已经习惯了，当去体验店体验产品之后，再去苏宁、国美等商店以加价抢购的方式购得苹果 4s 手机。这种限量销售营销其实就是饥饿营销。

《每日经济新闻》的记者梳理了苹果 4s 手机发售前后的市场情况，发现苹果公司在中国市场上推行的正好就是饥饿营销策略，并且整套流程紧凑，如精心布局的影片一般。

与 4s 相同的还有苹果的平板电脑，使用的方式和 4s 一模一样。一些人为此还特意去找店长预留商品，还有的人花高价买高仿产品。这种方式在无形中也加大了苹果的知名度，并且激发了更多人的购买欲望。

经分析，苹果产品使用的饥饿营销的方式是这样的：发布会公布上市日期，消费者等待，产品上市时会有新闻报道，消费者们开始通宵排队，正式开始销售，接着全线都会缺货，最后就是黄牛涨价。

随着苹果一成不变的销售模式，业内人士认为，这种方式是“产能不足、饥饿营销、黄牛囤货”。这也就使苹果在中国市场的份额开始一步步加速。

苹果公司通过饥饿营销的方式，在中国市场持续呈现出了火爆的现象。可以称其为使用饥饿营销打造爆品的典范。苹果公司的这种营销模式值得企业营销人员学习和借鉴，但是需要记住的是，苹果公司的营销之所以能火爆，并不仅仅是因为其的手段高超，还因为苹果的产品好，能够拥有扎实的用户。所以产品与营销方式是需要相结合的，二者缺一不可。

事件营销：主动出击增加曝光

事件营销是企业通过策划、组织和利用具有新闻价值、社会影响和名人效应的人或事件，来吸引媒体、社会组织和消费者的兴趣和注意力，以提高企业或产品的知名度和美誉度，树立良好的品牌形象，最终达到提升产品或服务销售目的的手段和方法。

也就是说，事件营销其实就是通过把握新闻的规律，制造出具有新闻价值的事件，并且通过具体的操作让这一新闻事件能够得到广泛传播，使之达到广告的效果。近年来，事件营销是国内外都十分流行的一种市场推广手段。

因为事件营销集新闻效应、公共选析、广告效应、形象传播及客户关系于一体，并且还能为新产品进行推荐，为品牌创造展示的机会、奖励品牌识别和品牌定位等，形成了一种快速提升品牌知名度与美誉度的营销手段。

一些主流的商业管理课程及常见的市场营销课程中，都对事件营销的方法及其流程有所介绍，在这里我们将不再着重介绍。

事件营销的兴起点是互联网，在 20 世纪 90 年代后期，互联网的飞速发展给事件营销带来了巨大的契机。在网络上，一个话题或者一个事件就能引起用户的传播和关注，而事件营销也随之兴起。

那么，事件营销有什么用的特点呢？事件营销主要有九个特点（如图 6-3 所示），即目的性、风险性、成本低、多样性、新颖性、效果明显、求真务实、以善为本、力求完美等。之所以有这些特点，是因为事件营销具有的特殊性，在这里，笔者根据这些特点来做以下分析。

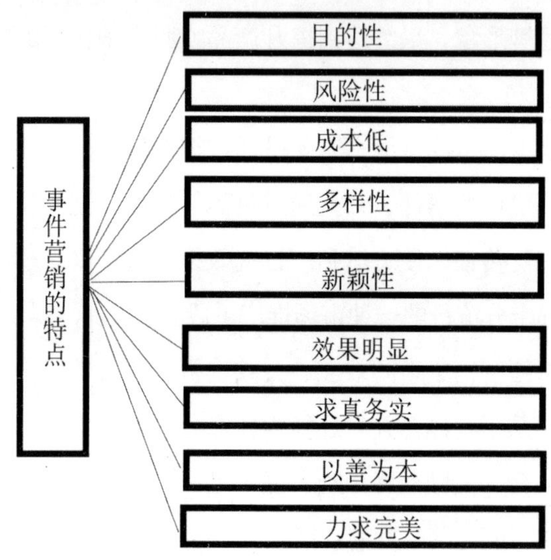

图 6-3　事件营销的特点

1. 目的性

只要是营销，都是有目的的，这一点无须质疑。但是事件营销与众不同的是，在第一步时，就需要确定自己的目标，是为了品牌宣传，还是为了产品销售，在最初就需要确定下来，然后才能选择以什么样的新闻事件使接受者接受这篇新闻报道。

一般情况下，某一领域的新闻智能引起某个特定领域的人关注。确定了特定的领域，再进行报道。这样做的目的，是为了确定读者群。

2. 风险性

事件营销存在一定的风险性。这风险性一般来自媒体的不可控制，以及新闻接受者对于新闻的理解程度。通过事件营销虽然能够提升企业的知名度，但是如果内中真相一旦被公众得知，那么必然会对该企业产生一定的抵触情绪，从而影响到企业的发展。

3. 成本低

事件营销一般是通过软文的形式来表现，在通过互联网平台传播，所以相对于媒体广告等成本要低很多。

事件营销还有一大特性，即利用现有的非常完善的互联网平台，来达到传播的目的。而现在的互联网平台，传播新闻时，几乎都是免费的。而且在新闻的制作过程中，也并没有利益倾向，所以制作新闻时不需要任何费用。

并且事件营销在企业里，一般被归为企业的公关行为，而非广告行为。虽然有很多企业会列出媒体预算，但当发生某件意义足够大的新闻时，事件本身就能引起媒体的关注和采访的欲望，很少会在这个方面有所支出。

4. 多样性

事件营销可以集合新闻效应、广告效应、公共关系、形象传播及客户关系于一体，进行营销策划，这便是事件营销的多样。这也使事件营销具有很大的特殊性，可以使其在营销传播过程中成为不可多得的一种方式。

5. 新颖性

事件营销一般是通过当下的热点事件进行营销，这就使得当下最热的事情能够以多角度的方式来展现给读者。随着互联网的发展，越来越多的人对新奇、变态、反常的事情抱有极大的兴趣，对于一些较为平和的广告反而没有什么探寻的心思，事件新闻也正好满足了大众这一喜好。

也正因为事件营销总是与热点新闻同时出现，更具有了新颖性，能够受到更多用户的点击。

6. 效果明显

一般情况下，一个事件营销便能将很多用户聚集在一起，大家共同来讨论这件事。关注的用户越多，热点也就会逐渐上涨，便会引来更多的门户网站进行转载，由此营销的效果自然会更好。

7. 求真务实

纵然是事件营销，在营销时，事件也要是真实的，这时企业网络事件营销最基本的要求。真，即事件策划本身要真，由事件衍生的网络传播也要是真实的。如果事件营销并非真实，那么就不是营销，而是恶意炒作了。这时要进行事件营销的企业必须关注的问题。

8. 以善为本

无论是进行哪一种营销，在互联网上，都应该自觉维护公众利益，用于承担社会责任。企业更应该如此，这即是以善为本。

企业在发展中，会遇到各种个样的问题，如果企业只是一味追求一己私利，必然要投入更多的精力和采取去应付各种麻烦。也正因如此，虽然越来越激励的市场，企业的营销管理也要以成熟的方式去应对各种障碍，在推广产品时，更要走出“私利”的误区，不仅要强调与公众之间的“互利”原则，更要维护社会的利益。

只有自觉维护社会及公众利益，才能维持现代网络事件营销工作的基本信念，才能扩大事件新闻的宣传力度。

9. 力求完美

这里的完美，指的是网络事件策划不仅要注重企业和营销人员自我的完善，还要注意网络传播时的风度，并且展现出策划创意人员的智慧。

进行事件营销时，企业需要安排专门的营销人员来负责这一工作，负责的人员预案不仅需要把控网络信息的传播，寻找适合的热点新闻，还需要掌握企业的详细情况，并且根据这些情况，巧妙地运用网络媒体的特性，将其付诸到营销事件本身中。在后续的工作中，工作人员还应尊重公众的感情和权利。

口碑营销：让用户帮你传递导火索

小米创始人之一的黎万强说过这样一句话："社交媒体是当下口碑传播的新渠道，是口碑传播的加速器。"确实如他所说，在大数据的今天，口碑就像一个雪球，在各种各样的社交媒体的道路上越滚越大。无论是论坛还是微博，甚至是微信和QQ空间，不管是企业主还是普通人，又或者是明星，都可以在社交平台上表达自己的声音，通过自己的方式去影响其他的人。

在中国曾有这样一句俗话"酒香不怕巷子深"，这是没有社交媒体之前的状态。那时，产品的口碑主要是在很小的范围内口口相传。但切不可小看这口口相传。虽然这种方式在今天看来很老套，但是对企业口碑的建立却有重要的作用，只是所消耗的时间比较漫长而已。

现在随着互联网的发展，大数据的兴起，微博和微信等社交平台出现之后，任何一个消息放到网络上，在几分钟内就能传遍整个世界。这与昔日的口口相传千差万别，但是，虽然能够很快速地将某一新闻传达出去，却不能快速地将产品销售出去。这便是大数据的两极分化。昔日的口口相传有助于提升品牌，而今日的互联网上销售产品，看似容易，实则困难了许多。也正因为如此，社交媒体口碑营销案例成了许多企业革新的方式，而这些案例，也逐渐地改变了人们的生活。

在美国，有一家比萨店，叫Flying Pie。虽然Flying Pie

的官网做得不好，但其凭借有趣的在线营销，俘获了许多消费者的心，并且还持续了很多年。在整个城市里，说到 Flying Pie，几乎无人不知，无人不晓。

Flying Pie 在线营销的方案名叫“It’s Your Day”。每一天，Flying Pie 都会喊出一个名字，然后邀请五位叫这个名字的消费者来他们的厨房里免费制作比萨，并将他们制作比萨时拍的照片放在 Flying Pie 的官网上。比如 2 月 16 日，在官网喊出的名字是“Ross”，而 2 月 19 日则是“Joey”。每一天都会不一样，但每一天都会喊出一个人们比较熟悉的名字。

Flying Pie 的官网上，每周都会公布新的一周的名字列表。于是，经常有消费者会浏览这个表，看自己或者是朋友的名字会不会出现在表上。

Flying Pie 用这一方式调动了消费者的积极性，使大家随时都关注着 Flying Pie 的官网，如果看到自己或者朋友的名字，就激动地参与其中。而 Flying Pie 还有一点很具有新意，即在接待客户时，Flying Pie 会请每一位来参加活动的客户提供一些任命，再通过投票，决定哪一些名字会成为下一周的幸运儿。

Flying Pie 这样做的目的，是能顺理成章地邀请更多的朋友去参加，这就激烈了网站的用户，而且随着时间的推移，Flying Pie 的顾客群体也会越来越大，并且每天都有人参加，他们参加时还会不断地提供名字。

而更为有趣的是，有一位专栏作者知道了这一事件后，便去 Flying Pie 调查。一开始的时候，是他的朋友告诉他，

Flying Pie 将在某天叫到“Armando”——正是这个专栏作者的名字。他对此感到非常惊讶。他的朋友说，他吃过这家店的比萨，味道还不错，而且他觉得他们官网的这个活动也非常有意思，所以时常浏览着，当更新列表中有自己的朋友时，他就会去提醒。

Flying Pie 以这种方式，通过用户将这个品牌及官网传播了出去。被提到过名字的会主动帮忙传播，而未曾列出的名字的人，他们会随时关注，还有一部分不知道 Flying Pie 的人，他们会通过身边的朋友、亲人知道这个店铺。

这是一个非常好的口碑营销案例。Flying Pie 仅仅利用自己的官网，就扩大了自己的影响力，并且这个影响力还在持续着。虽然这是 Flying Pie 的方式，但是这也并不会影响微博、微信等社交平台为其做宣传。Flying Pie 的精妙之处在于通过一个点，为顾客编织了一张网。在顾客为其口口宣传时，网在不断地扩大。

在传统口碑营销时代，一家小小的比萨店想要做到全城人尽皆知，似乎难度很大，但是在互联网发展的今天，它做到了。Flying Pie 的案例也说明，企业如果不利用网络来进行传播，那么很难在当下的竞争中取得胜利。我们最为熟悉的小米，之所以能够成功，就是因为它能充分地利用社交媒体。

在前文我们也曾提到过小米的四个营销通道，即论坛、微博、微信和 QQ 空间。可是，四个社交平台，每个都有其优势，而小米则充分利用了每一个平台的优势，集众家之所长，为其产品做了很好的宣传。如 QQ 空间和微博具有较强的媒体属性，而微信则更适合做客服平台，但是随着微信群功能的不断发展，口碑宣传的能力也随之增强了，论坛则以专业性见长。

根据数据统计，目前微博和微信上，小米的用户已经高达 450—500 万人，小米论坛的用户量也高达 1000 万人，QQ 空间则 1500 万人。从这些数据我们也可以看出，虽然小米紧跟互联网的脚步，但口碑传播其实也并没有被小米抛弃，甚至可以说，小米包揽了整个口碑传播的通道。

小米论坛每天的流量超过了 100 万，而发帖量更是多达 25 万条，是同类型厂商的 10 倍。

而在一些时间节点上，只要打开微博或是微信，又或者是 QQ 空间，就会看到小米的信息可谓是铺天盖地，而身边的人，也都在谈论着小米的电器，小米的插线板，小米的手机。

这就是小米经营的方式，但是没有企业也都有自己的方式，小米是这样，而华为崇尚的却是狼性。这两家公司的经营方式也说明一个问题，在利用社会话网络渠道建立口碑时，其做法也是不同的。甚至一家企业，在不同的发展阶段，借用的社交媒体也是需要进行选择的。

小米的核心用户是发烧友，这也就决定了小米在利用社会化网络渠道建立口碑时，必须将自身结合的这一特点。也有很多服务，如使用 MIUI 给手机刷机等，门槛相对比较高，如果仅仅依靠微博来传播，则太过于碎片化，于是小米创建了小米论坛。当小米通过论坛沉淀了几十万的核心用户之后，才开始转向 QQ 空间和微博、微信等，才开始以这几种方式扩散小米产品及口碑。

小米最为典型的方面，是利用社会化网络渠道建立口碑，但是有很多商家和企业不必一定要学习小米，而是应该根据自己的产品，制定相关的社交媒体口碑营销策略。

今天是网络化力量兴起的时代，如果作为企业主，还没有认识到社交媒体已经成为口碑传播的新渠道，那么企业是无法得到更好发展的。但如果能根据自己企业的特点和产品的类型，来选择合适的社交平台进行传播，那么必然能快速建立自己的口碑，并且为产品做好宣传。

成功的标准并不是合格就好，而是达到预期，甚至是超越预期。在今天，市场上有很多同类产品，而粉丝也有选择权，如果你的商品仅仅是合格了，那么他们有可能会选择，但也有很大一部分粉丝不会选择。因为相信一个从没有使用过的品牌，还不如继续支持自己一直在使用的。但是如果你的商品超越了预期，在各方面都要优于同类产品，那么，必然能得到众多粉丝的追捧。所以企业想要在同质化的市场脱颖而出，就必须达到更高的层次。

而关于超越预期，奇虎 360 的董事长周鸿祎先生在讲到用户体验时，曾经聚了这一个非常形象、非常精彩，并且也能回答这个问题的案例：

“假如华夏银行请我吃饭，我打开一瓶矿泉水喝，喝完之后，它确实是矿泉水，那这叫体验吗？这不叫体验。

只有当你把一个东西做到极致，并且超出预期，那才叫体验。我开一个玩笑：比如有人递过来一个矿泉水瓶子，我一喝，发现里面全是 50 度的茅台。这就超出我的体验了。那么假设它是一个体验，我就会到处去讲：‘我到哪儿吃饭，我以为是矿泉水，结果里面是茅台。’如果我将这个经历写成微博发出去，那绝对能转发 500 次以上。”

关于超越预期，雷军也曾经这样讲过：“口碑的真谛是超预期，只有超预期的东西大家才会形成口碑。”众所周知，小米是一家非常看重用户体验喝口碑效应、粉丝营销的企业，雷军这么说，也同样表达出他们真实的内心感受。

我们在前文也说过，当雷军确定小米的方向是互联网手机，他们在产品思维上确定的目标便是“让用户尖叫”。那么，要如何做超能超出这个预期呢？

雷军寻找到的是一个非常直接的切入点——把手机当电脑做。他对此这样说过：“我们做了 30 年的 PC，PC 最后胜出的招只有两条，高性能、高性价比。”既然如此，在用户的预期当中，高性能的手机自然价格就高，而性能较低的手机价格也就上不去。所以“高性能，高性价比”也就超过了用户的预期。

也正因为如此，小米从创立到现在，每一个人都在产品开发的细节和服务方面努力，目的就是为了超越粉丝预期。据说雷军每天大多数时候都在各种产品会之间奔波，而且每周都会定期与各个部门的同时进行产品讨论。这样做的目的，就是为了使产品能够超越用户预期。雷军还这样说过：“我们每个人都知道，小米是一家很‘变态’的公司。为了代码质量好一点点、为了用户体验好一点点、为了产品品质好一点点，我们每个人都不惜加班加点，一天工作十几个小时，甚至通宵达旦。”

也正因为如此，小米推出的产品，几乎每一款都能使消费者感到满意。但是，在做好产品的同时，雷军也深切地知道，一个产品或者企业的口碑好或者不好，并不单纯地体现在这个产品或者品牌的质量上，而是体现在用户对其的期望值上。期望值越高，那么说明这个产品值得用户去期望，而品牌也就更加值得信赖。

我们都知道，迪拜的帆船酒店是全世界最好的酒店之一，雷军也去体验过，但是他体验完之后却感到无比的失望。他之所以失望，并不是因为帆船酒店不好，而是因为帆船酒店有很大的名声，他因此寄予太高的期望。这样也就导致他的期望落空，在给朋友做宣传时，也并没有底气说这个酒店有什么特色，还值得去等等。

但是有一家餐饮企业，却让雷军觉得超出了他的预期。这家餐饮企业就是有名的海底捞。在雷军看来，海底捞与五星级酒店相比并没有什么特色，但是当他体验过海底捞的服务之后，却觉得它不错。这就明显与用户预期有关，当他知道海底捞时，它就在一个看似非常不起眼的地方，但是走进去后，却发现这个看似不起眼的火锅店却有着么好的服务。也正因为如此，海底捞超越了他的期望值，当他在给朋友介绍时，也会大加赞扬。

其实雷军对海底捞的体验超出预期时很正常的事，所有去过海底捞的消费者都有这样的感受。在餐饮行业内，海底捞的服务甚至被称为“变态”。但正是因为这种超出人们想象的服务方式，才赢得了良好的口碑以及消费者的口碑传播。

海底捞的官方网站上，有一个板块是特色服务，叫“欢乐专区”。在这里，以图文并茂的方式罗列了被海底捞列为标准项目的特色服务，相信去过海底涝的人都深有体会：

当顾客走到海底捞门口时，迎宾会上前与顾客热情地打招呼。进入海底捞时，遇到的每位员工都会热情地与顾客打招呼。我总觉得这一点海底捞与其他餐饮店不同，后来我才想明白，差别在于海底捞员工的热情都是发自内心的。

如果需要等位，顾客可以免费享受到如美甲、免费饮料、免费零食、擦鞋、上网、玩棋牌游戏、观看表演等服务。

如果有顾客带着小孩来用餐，海底捞会主动提供婴儿椅、婴儿床、睡袋等。

当病人、残疾人或年龄较大的顾客到海底捞用餐时，海底捞会主动提供方便轮椅。

海底捞会为带手机的顾客送上一个透明的小塑料袋，用来保护手机，以免被食物弄脏。

如果有女性顾客散着头发，为方便其就餐，海底捞会送上一根小橡皮筋。

如正好有顾客过生日，海底捞会派员工为其唱生日歌，还会送上一份特殊的礼物。

顾客如果在下雨天用餐时没带伞，海底捞会借伞给顾客。

雾气较大或冬天，海底捞会及时为戴眼镜的顾客送上擦眼镜的布。

顾客在海底捞就餐时点的酒没喝完，可以存放在酒架上等下次享用。

当顾客从洗手间走出时，海底捞员工会及时送上热毛巾，如果女性顾客有特殊需要，海底捞也会热情地提供帮助。

……

可能也有人会问，海底捞是怎么样做到让消费者超越预期的呢？

其实答案很简单，正是因为他们想得很周到，而且比消费者还要周到。但这些也并不是海底捞的管理者们凭空想象出来的，而是在经营过程中逐渐发现和创造出来的。当海底捞考虑得比消费者还要多的时候，他们自然也就超越了用户的预期，只要用户有需要，他们都能实现。有人将海底捞的服务员形容为哆啦A梦，即能随时从口袋里掏出你所需要的一切。其实这都是海底捞的工作人员通过日常的工作总结出来的经验，并将这些经验用于实践中而已。

在日常生活中，有人也会对海底捞的服务产生一种叛逆心理，当听到很多人都在评论海底捞的服务时，这些人会想“真有那么好吗”，他们会想去试试，而试了之后，别人所描述的体验即便全部都是真实的，也只能使用户的预期持平。这时，就会有用户自然而然地生出挑毛病的心理，认为这“不过如此”。

关于这一点，雷军就把控得很好。在他看来，用户的胃口不能被吊得太高，一旦期望值过高，产品很能超出用户的心理预期，那么口碑也就无法形成。但是如果前期低调一些，那么后期就更容易超出用户预期了。

但人们对于雷军的期望值怎会降低呢？雷军曾经加盟金山软件公司，而且还作为中国大陆著名天使投资人投资过卓越网、逍遥网、凡客诚品、UC 优视、尚品网、乐视社区、拉卡拉、可牛、好大夫等在内的二十多个项目。他早已是业界名人，人们对他的期望值不会降低，也不可能降低。

这样的雷军要想超越预期会很难，很不容易做到，但是他却做到了。他是这样做的，在他开始组建团队时，面对大众，说得最多的一句话是："这件事情暂时保密，严格保密！"雷军知道，在产品还不成熟时，大肆宣扬智慧提高用户的期望值，这对企业时非常不利的，所以他便选择了保密的方式。所以当小米手机上市时，仿佛横空出世。而雷军这样做，也有他的目的，小米手机上市即赢得了用户的目光。

小米的第一款产品没有按常理去宣传，而是在论坛里发帖子，就这样，将小米成功地推向世界。但是，当初没有人知道小米会在这个领域称霸，也没有人会想到这款默默无闻的产品和系统会有好评如潮的时候。不得不说，小米的成功逆袭，米粉的数量扩大，与雷军对最初的用户预期的把握是准确的。如果他第一款手机就高调宣传，那么或许就没有今天的小米了。

核心的口碑永远都是超越客户预期的体验，当小米要求员工用心去帮助用户的时候，小米的神话就这样开始了；当海尔洗土豆的洗衣机开发出来的时候，世界名牌便出线了；而当IBM为客户安装好设备，并且在开出支票后，仍然保持与用户的热切联系时，IBM的传奇也开始了……

这些案例告诉我们，粉丝是营销口碑传播的核心，超越粉丝的预期，即能超越用户的预期。雷军在做小米的时候，他的核心理念就是做出超越用户期望值的产品，能让用户拿到手时会尖叫，他做到了。但是当用户开心期待有一次超越预期体验的时候，粉丝营销也就开始了。

情感营销：有温度的商品更火爆

不管社会发展得有多么快，人有一个特征永远都不会产生变化，即对情感的牵绊。这也是人与动物最大的区别。在这个时代，人们的生活水平整体上升到一定的水平，人们对物质生活的需求已经大幅下降了，但是对于情感上的需求却越来越重要了。这也就说明，人越来越喜欢感性消费了。

这对于销售行业是一个挑战，销售无法再像以前一样提供物质就可以了，而是要将产品与情感融合，再进行销售。虽然对于某些商家来说这并不难，商家需要做的，仅仅是在销售时，为用户真情实感地打造一些特殊的服务，使用户在购买产品的时候，精神也能得到满足。当用户在消费时，精神得到满足后，便能产生愉悦感，更加利于商家销售。

这一点在餐饮行业最为显著。但是，有很多商家虽然打着

“顾客至上”的旗号，可是实际的效果却并不理想。甚至在众多餐饮行业中，众多品牌中，唯有海底捞一家做到了“顾客至上”，并且也得到了顾客的赞誉。

海底捞品牌 1994 年创始于四川简阳，自 1999 年起逐步开拓西安、郑州、北京等市场。海底捞是一家很普通的川味火锅店，它的不同之处在于注意每一个服务的细节，让消费者从进门那一刻到出门那一刻，一直享受五星级的服务。

在海底捞，停车时有代客泊车服务，而在等待排位的时候，可以免费享用不限量的水果、豆浆以及各种小零食，并且还提供了免费擦鞋、美甲和无线网等，甚至有的地方还有供大家娱乐的各种棋牌。

在点餐的时候，可以点半份菜品，只为了能让顾客吃到更丰富的菜品。服务员还贴心地为顾客准备了围裙，避免汤汁溅到衣服上。还为顾客准备了手机袋，为戴眼镜的顾客准备了眼镜布，为长头发的顾客准备了橡皮筋等。当顾客饮料快喝完时，服务员会主动续杯，甚至会主动帮顾客下菜品，并根据食材的不同提醒顾客食用时间。

在洗手间门口也有专门的服务员，为顾客递上擦手纸巾，或者提供其他用品。

吃火锅时，服务员还会赠送顾客水果。就算有顾客提出能否赠送菜品时，服务员也会爽快地答应。

服务员不仅对老顾客的姓名十分熟悉，还会记住一些老顾客的生日以及结婚纪念日。并且送上小礼物、长寿面，还会唱生日歌等等。

海底捞服务员五星级的服务，使每一位去光顾的消费者都愿意再去第二次，并且愿意分享给身边的亲朋好友。还有消费者主动在微博和朋友圈分享在海底捞享受到的待遇，替海底捞宣传。或许有人会问，为什么海底捞能使消费者为其付出这么多呢?

原因很简单，就因为其管理者和员工都先付出了真实的感情，正是因为他们给予消费者多方面的照顾和信任，消费者也愿意用自己的真心去回报他们。

海底捞的服务源自人性化管理的真情服务，也正是这种服务，能让顾客感受到他们的感情，并被他们打动。任何企业，团队不可能什么也不做就能让消费者心甘情愿为他们做宣传，要想打动消费者，必须要有真实的、真诚的服务热情。就如海底捞的服务员一般。他们每一位员工，都是真心实意地“为了顾客”，而不是“为了薪水”，这一点，从他们服务的态度中就能感受得到。

海底捞的服务员之所以能真诚待人，这主要源于海底捞的董事长张勇。张勇对待海底捞的员工，也如家人一般。

他曾这样说过：“人心都是肉长的，你对人家好，人家也就对你好；只要想办法让员工把公司当成家，员工就会把心放在顾客上。”这也就是海底捞的工作人员愿意为了“服务”而工作，并且能将所有的热情都用在工作上。而与之相同的是，顾客也能体会到海底捞员工的真心，这也就是海底捞有很多回头客的原因，因为客人只要去过海底捞，都会感受到真情实意的情感。

用户体验其实是用户的主观感受，但是这主观感受却是用户在接触产品或服务时的综合体验。要想用户能有更好的体验，就一定要注意细节，并且从细节着手。将细节贯穿于用户对产品或服务的体验过程中，并且让用户获得的感知远远地大于预想。如果能这样做，那么必然能给用户带去惊喜。海底捞便是真情实感的细节入手，并且可以说，在这一点上，海底捞是非常成功的。

企业要想在这个互联网时代发展下去，或者是想要让产品火爆，就必须把客户的满意度放在第一位。客户在接受了这个企业或者是产品时，抓住客户怦然心动的那个点，其实才是最关键的事情。

在 2014 年年底时，有一款漫画软件非常火爆，叫快看漫画。快看漫画曾经一度跻身 iOS 系统应用商店免费下载榜的第一名。那么，这款漫画软件为什么这么火爆呢?

随着移动互联网的到来，80 后和 90 后已经逐渐成为新时代的主题人群。而 80 后和 90 后中，有很大一部分人从小接受二次元的世界，漫画深受他们喜爱。并且在这款快看漫画的背后，还有一个动人的故事。

快看漫画的创始人陈安妮介绍说，她从小就喜欢画漫画，在大学期间，还曾做过画漫画的兼职。她在微博上连载的漫画《安妮与王小明》得到了很多用户的喜欢，并且还获得了中国动漫金龙奖。这让她觉得，自己的人生只有 1% 的成功就足够了。

陈安妮毕业后，出于对漫画的热爱，她选择了北漂，开始自己的创业生涯。她将自己的事迹通过漫画的方式发表到微博上，引起无数网友的共鸣，许多网友纷纷表示，她的漫画戳中了他们的泪点。也正因为如此，快看漫画软件的下载量因此而得到保障。

但是，当时的漫画软件并非只有快看漫画，其他类似的软件也层出不穷。那么为什么快看漫画能够超越其他的同类软件呢？这其实还是应该归功于漫画的情感部分。快看漫画拥有的真情实感感动了用户，得到了用户的同情与赞扬，因此它的下载量高居榜首。

这一点在今天很明显，虽然人们的生活节奏变快了，但是人的情感并没有产生变化。只要拥有情感，那么就能引起其他的深思，甚至得到共鸣。企业想要营销，就更应该抓住这一点，适当地打感情牌，在感动消费者的同时，将品牌和产品顺势推出去。

在 2015 年年初，伊利携手网易，推出“热杯牛奶，温暖你爱的人”的主题活动。这次活动时以网易新闻客户端为载体的。伊利将活动的内容以 H5 的方式展现在网易新闻 APP 上。并且为了使活动更加形象，还设置了让用户打开网易新闻客户端，就会看见手机屏幕仿佛突然像哈了气的玻璃一般，用户擦拭屏幕，模糊的玻璃上就会逐渐浮现出几行字：“在这个寒冷的冬天，给你爱的人热一杯流奶，为 TA 送去温暖。”

不仅如此，当用户将手掌心贴向手机屏幕时，就可以在手机上加热牛奶。加后的牛奶可以发送到朋友圈、微博和 QQ 空间等。并且发送的人还可以指定一位他要送牛奶的人。

参加活动的人还能邀请其他的人来参加，为更多的人加热牛奶、传递爱。并且参与这次传递活动的人，都有机会获得伊利免费赠送的一箱牛奶。

伊利的这一活动一出，网友纷纷参与其中，而网易的用户也随之暴涨，伊利牛奶的销量也直线上升。消费者迎来暖冬的同时，伊犁也过上了属于自己的暖冬。

伊利这么做，只是在正确的时间，使用正确的方式，打了感情牌而已。但是对于消费者来说，这些都不重要，重要的是，在这个冬天，用这种独有的方式传达了心意。伊利利用人的情感，在提升品牌知名度的同时也提升了牛奶的销量，而网易则是提供了平台与技术，但是却在短短几天内，得到了大批的粉丝。这便是通过人的情感促进消费的最好方式。

对立营销：有对比更显优秀

企业在发展中，会与同行业中的许多企业产生竞争关系，而对立营销，则是企业的产品在推向市场时，竞争阶段中的对立者。这个对立者不仅是品牌，也可以是产品，甚至是企业或者个人。企业根据对立者的营销策略体系，建立起对立的营销策略体系，以跳出同质化的竞争市场，或者是阶段性地打击竞争对手。

每一个企业经营的产品，最终的目的都是通过市场运营来获得商业价值，但是，有很多的企业或者产品会面临这样一个重要问题，在市场上，同质类产品占有很大的比重，但是产品又不可能完全创新。这时，在消费者的心理层面，对于目标消费品，就会进行对比。这也就导致产品多维度同质化，最后就是品牌同质化。而新生的品牌或者是产品，便更容易被淹没在市场之中。

对立营销策略的出现，即是由目标市场、对立者与对立策略三者来组成的。根据目标市场，企业需要设定主要竞争对手为对立者，再针对对立者来建立企业或者是产品自身的营销策略体系。

在品牌或者是产品选择目标市场的市场，必须综合企业、产品、品牌市场总体状况，再根据自身条件选择合适的目标市场。也就是说，确定目标市场的前提是：对自身要有准确的定位。

在这里，我们可以举例说明。

在市场竞争中，消费者一般是关注产品的两极化，即产品的高端和低端。再根据自己的消费能力与产品价值之间的匹配关系来确定目标消费产品。但是，一般在市场经济发展过程中，消费者的消费能力往往处于持续上升的状态，如果 A/B/C/D/E 来确定价格从高到低时及产品端次时，那么 E 就是端次产品，会成为消费去参考，但是不会消费的产品。随着这种划分，产品的销量会根据 D–C–B–A 的递增逐渐减少。在这个时候，对人群和市场的细分，也按端次划分切割完毕。

这在企业内部，一般 A 类产品会被当作概念产品，B 类则是形象产品，C 则是利润产品，D 以走量产品而存在，那么 E 则是补充类产品。企业内部资源一般情况下会集中在 C、D 类上，利用 D 来抢占市场份额，而 C 则是用来实现企业盈利。

这个案例也就说明，如果对产品的定位不够准确，那么在选择市场时，就必然会出现误差。

在目标市场存在的对立者，也就是拟定的主要竞争对手，它可以是一个，也可以是很多个。企业在确定了对立者后，只需要考虑产品，可以暂时忽略掉企业运营中的其他因素。但是对立者必须拥有和自己的企业相类似的产品或者服务。这也就说明，对立者有可供选择性，选择的方式则是以漏斗的形式来进行筛选。

当企业确定了对立者后，就需要深入了解对立者的营销策略，并且根据其的营销策略，建立自己的对立模式，并且要有自己的对立的营销策略体系。

对立的模型一般包括对立产品策略、对立渠道策略、对立价格策略和对立促销策略、对立服务策略等。

对立营销的方法一般有三种（如图 6-4 所示），分别是向上对立法、向下对立法、覆盖对立法。在这里，笔者将着重分别介绍对立营销的方法。

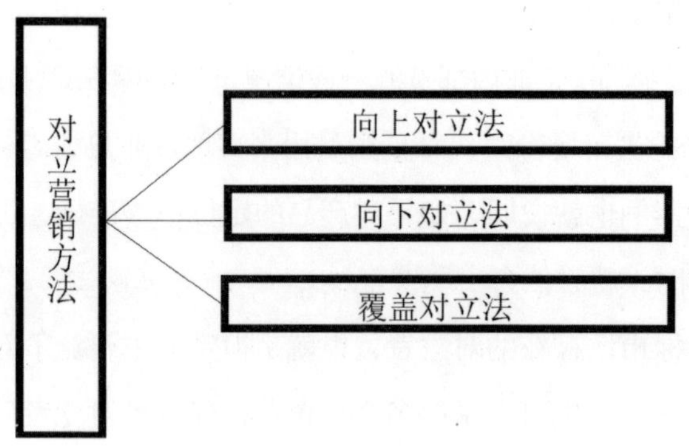

图 6-4　对立营销方法

1. 向上对立法

在这里，我们先来举例：

A 品牌生产奶粉，在市场上，售价是 20 美元。销售的情况比较好，在市场的占有率也比较高。而 B 公司也是生产奶粉的，并且 B 公司的品牌、产品、工艺和功能基本上与 A 品牌相同。那么，B 公司的奶粉，就能成为 A 品牌的对立形象。而 A 需要做的，就是建立相反的标准体系，如价格体系，即售价 120 美元，那么 A 品牌品牌和 B 公司的产品在市场上同时存在时，并且在宣传、促销等主观因素情况相仿时，消费者的选择比例则会成为 A:B=80%:20%。

这样做的结果是，B 公司虽然前期的销量比较低，但是盈利却会比较高。并且，在后续的服务及建立完善的营销体系机制后，B 公司产品的销量会逐渐增加，挤占更多的市场，甚至盈利能力还会超过 A 品牌。

2. 向下对立法

以向上对立法为基础，集中企业的资源，通过一个点来打破对立者的固有体系。当争取到基础的市场份额后，再通过产品结构来调整及改善营销体系，以做到提高企业的盈利能力。

充分使用对立营销，不仅可以通过价格体系应用、渠道、包装、销售模式及品牌诉求等，还能利用任何商品元素，只要充分使用，营销的效果会随着消费营销的变化而变化。

3. 覆盖对立法

覆盖对立法中，对立策略会直接性地覆盖到企业或品牌的整体。这种情况一般应用于完全类似的品牌或者企业。比如生活中常见的可口可乐和百事可乐，蒙牛与伊利等。在营销策略的制定中，会在营销策略的每一个部分都进行对立策略的制定。

经过数据统计发现，当消费者在选择产品的时候，即使是完全同质同量的产品，或者是相同的品牌，但是价格却有所差别。在这样的情况下，就算有“贵即是对”的消费心理影响，消费者的初选比例一般是高价格：低价格 =20%:80%。但值得注意的是，这个概率并不是这两个产品就能 100% 地瓜分产品市场，而是在 100 个人中，有 80 个人会选择低价格产品，有 20 个人会选择高价格的产品。如果高价格的选择者中，消费之后，他们能够获得匹配价格的其他增值服务，如售后服务、惊喜、保质期等等，那么这 20 个人，会成为这个产品的忠实消费群体。他们也会认为价格高是对的，价格低的产品必然在产品、服务和其他方面存在瑕疵。这也就说明，越感性的消费群体，结果越是明显。

当前产品质量可谓是危机频繁，而在这种情况下，这类判断最容易使消费者主动发起口碑传播。

粉丝营销：让喜欢你的人更喜欢你

在价值投资哲学中，流传着两个非常经典的四字箴言，一是“少就是多”，意思是，投资质量一般情况下都会好于投资数量；二是“慢就是快”，这个意思也与中国的一句古语相关，即“欲速则不达”，慢往往能得到快回报。

在这里提到这两个四字箴言，并不是要谈论哲学，而是要谈粉丝营销。

对于现代的企业来说，粉丝是非常重要的。与粉丝同样重要的，则是产品的质量。无论是生产产品，或者是服务，无论价格是贵还是便宜，都有一个目的，即满足所有消费者的需求。

但也有这样一句话流传至今，即“众口难调”。那么要怎么样做，才能满足所有消费者的需求呢？这很难做到，所以企业需要做的，就是满足那些愿意相信你的人。这些人会逐步成为企业的粉丝，而随着产品的优势越来越强，甚至均能超过粉丝期待，取得满意的用户体验，即满足了越来越多粉丝。

当企业拥有了众多粉丝之后，虽然可以采用粉丝营销的方式，但需要注意的是，企业切不可简单地把粉丝当成赚钱的工具。有人曾这样强调过，粉丝是真实存在的人，他们也有自己的性格、感情、细想，他们会去思考。如果企业想要得到粉丝的支持，必须真诚地与他们沟通。不能一味关心数据，而去忽略这些拥护者的感受。

有很多企业，在拥有了粉丝之后，便将营销目标着重放在了粉丝身上，忽略了粉丝原本具有的价值。这样做是不对的，粉丝之所以会聚集在一起，是因为有某一个他们共同喜欢的点，他们之所以选择关注某个企业，或者是某个人、某个产品，是因为他们喜欢，并且愿意支持。

企业要做的，即是通过粉丝去了解市场，并且去激发企业自身的价值，寻求更多不一样的点。在这本书中，我们也曾提过一些营销方式与粉丝有关，在众多企业中，这一点做得最好的是小米公司。但是每个企业所属行业不同，粉丝的类型也不同，但是小米公司的方法，值得每一个企业借鉴。

在拥有粉丝时，不能轻易将粉丝当作商品，也不能吸引更多的关注而轻易改变自己，而是要想办法抓住这些已经确定的核心用户，并通过他们，去满足更多的用户。

在这里，我们不得不继续以雕爷牛腩来举例。

雕爷牛腩在得到大众的喜爱之前，只是餐饮业的门外汉。但是这并没有营销其在餐饮业发挥自己营销天才的天分。虽然决定雕爷牛腩的成功因素有很多，但是他在一开始就明确自己的消费群体才是关键点。

在雕爷牛腩开业之前，雕爷就先一步确立了目标消费者，即面向那些月收入较高的白领们。白领主要集中在一线城市，他们的收入可观，个人素质较高，注重生活质量。而他们在意的也与普通民众不同，他们在意的是就餐的环境与服务，所以在选择餐厅时，他们会选择具有创意性的餐厅。

在雕爷看来，这些都市白领的消费能力虽然不足以负担五星级酒店的费用，但是他们愿意为看起来令人赏心悦目的消费买单。于是他抓住了这个群体的特征，比如消费面广、追求新鲜感等，制定了一系列的精品菜单。并且每一个季度都会及时更新菜单，以满足老顾客在新鲜感方面的追求。

一般的餐馆都觉得消费者越多越好，在这些经营者看来，人越多，代表收益越高。但是，在雕爷看来，人多并不是好事，有舍才有得。

雕爷在这方面做出的“舍”有很多，比如，不接待12岁以下的儿童，因为儿童会产生噪音，而这些噪音会影响整个就餐环境；雕爷也不挣酒水钱，经营餐饮行业的人都知道，酒的毛利并不低，但如果在酒水上不加以克制，那么翻台率就很难得到保证，也正因为如此，雕爷在这方面直接省略了。但与众多餐饮业有所区别的是，雕爷牛腩在菜肴、环境和服务上不断改进，并且因此吸引了一大批目标客户。这也就使今天的雕爷牛腩拥有了一批非常稳定的顾客群。

有一段时间许多企业的营销方式是“来一个坑一个”，而随着竞争越来越激烈，这种营销已经一去不复返了。

现在想要成功，概率取决于是否细分了消费者群体，以及是否拥有明确的目标消费者群体。因为竞争的本质和核心即内容必须体现出一定的差异化。

对于消费者有了准确的定位，并为消费者提供的产品和服务能够满足他们的期待，并且超越了用户体验，便能将利益最大化，还能提高消费者的回头率。

企业只有对目标消费者的界定越明确，才越能凸显出品牌的个性。因为目标人群的定位，即有助于准确描述这类人群相同的特征，并且能够通过这个群体，了解消费者喜欢的是什么、期待的是什么。

企业在定位时，切不可盲目地将消费者确定为“所有女人”或者是“所有男人”，在男性和女性之中，应该有更明确的划分，因为每个年龄段，甚至是每个阶层的，他们的追求和喜好都是不同的。

雕爷牛腩就是依靠明确的目标消费群体成功的，同样的例子还可以参考星巴克。星巴克的咖啡对于普通人来说价格不算低，但是它依然在中国市场取得了巨大的成功。虽然星巴克没有做很多广告，甚至也没有明确地进行营销，但很多选择要选咖啡时，它依然是首选。

星巴克之所以能做到这样，就是因为其有非常明确的消费者群体定位。星巴克针对市场的分析，也是非常明确。在城市里，有很多人，在这些人中，有一些人从事时尚行业，是潮流引领者。这类人对于外国的饮食文化很感兴趣，并且愿意接受。随着经济的发展，上班族领域也逐渐拓宽了，而这，其实就是星巴克重视中国市场的原因之一。

也就是说，星巴克的消费者定位，从以前的潮流引领者，变成了上班族。

再看那些受大众欢迎的产品，其实可以看出，它们很多曾经都是小众产品，只服务于小众消费者。随着市场经济的发展，它们逐渐服务于大众消费者。这种开发模式也被称为滚雪球模式。而第一批尝试和接受产品的用户，一般被企业称为核心种子用户。正是这类种子用户，推动了消费趋势，并且扩大了产品的用户规模。

正因如此，在企业成立之初，不必要贪图太多，也不必想着突然就有很多消费者，而是要寻找到自己的核心种子用户。为这一批种子用户提供更好的服务，便能使之成为扩散的基础。

雷军曾说，他的忠实客户其实不多，也就十几万。但是，这十几万的客户，却帮小米卖出了一千多万部手机。据 2018 年人口统计，中国大陆总共有 13.95 亿人，但这并不是说，这近 14 亿的人口能成为一个企业或者是产品的目标消费者，也并不是说，都能成为企业的粉丝，而是在这些人中，有那些人会成为核心种子用户，然后通过他们，形成传播效应。

在进行传播效应时，想要自己的粉丝进行传播，就必须随时观察粉丝的变化，消除其负面的影响，并在产品的基础上做出创新，以做到粉丝能更加拥护产品，并且能心甘情愿，且自信满满地向周围的人传播产品。做到这一点时比较难的，但是，只有付出更多，才能超越自己，而超越了自己，用户在使用产品时，才能产生超越用户的体验，粉丝群才能随之扩大，品牌的知名度也能随之上涨。

企业在拥有粉丝时，也应该和粉丝建立一个属于企业和粉丝的情感桥梁。通过与粉丝的情感融合，培养出自己的铁粉。这一些人，即是产品销售和宣传的中坚力量。

需要注意的是，粉丝是比较情绪化的。明星们会通过“带货”来向粉丝宣传，这在粉丝看来，是情感的表达，但企业与粉丝之间的品牌传播，则要使用与明星们完全不同的方式，即能引起粉丝的情感共鸣，又能使粉丝心甘情愿为之宣传的方式。

服务营销：把阶段性爆品变为长销爆品

在这个时代，想要成功打造爆品其实并不难，难的是让商品持续火爆，给企业带来持续性的利润。这也就说明，商品在短时间内爆红容易，但持续性保持高销量则难。想要打造持续性的爆品，只有维持阶段性的销量，使其在相当长的一段时间里，持续保持火爆的态势。这样才能实现营销利润的最大化。

那么，要怎么样做，才能使阶段性的爆品成为持续性的爆品呢?

这里我们就要提到服务营销。服务营销能回答如何使阶段性爆品成为持续性爆品这个问题，而这也是我们将要讨论的话题。

服务营销是企业在充分认识并满足消费者需求的前提下，为充分满足消费者需要，在营销过程中所采取的一系列活动。

西方学者从20世纪60年代开始研究服务营销问题，直到20世纪70年代的中后期，美国及北欧才陆续有市场营销学者开始正式开展服务市场营销学的研究工作，并且逐步创立了较为独立的服务营销学。但是服务营销真正引起人们重视是20世纪80年代后期，这时由于科学技术的进步和社会生产力的提高，产业升级和生产的专业化发展日益加速，一方面使产品的服务密集度日益增大，另一方面随着劳动生产率的提高，市场转向买方市场，消费者收入水平也显著提高，消费需求开始发生变化，需求层次也相应提高，并向多样化方向拓展。所以服务营销学的发展经历也经历了以下这几个阶段（如图6-5所示）。

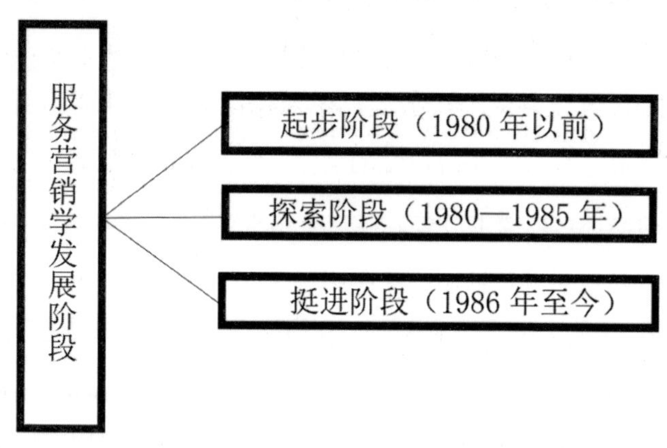

图6-5 服务营销学的发展阶段

1. 起步阶段（1980年以前）

这个阶段的研究主要是探讨服务与有形产品的异同，并且试图界定大多数服务共有的一些特征，比如不可感知形、不可分离型、不可存储性和差异性、缺乏所有权等。

1977 年时，美国银行的副总裁列尼・休斯坦克撰文指出，泛泛而谈的营销观念已经不适合应用于服务营销，服务营销的成功需要新的理论来支撑。如果只是把产品营销理论改头换面，并应用于服务领域，那么服务营销的问题仍然无法解决。从 1977—1980 年，营销学者的研究则主要是基于服务与有形产品的比较，并识别出界定服务的特征。这时，以贝特森、肖斯塔克和贝瑞等为代表的人，准确地归纳出和概括出了服务的特征，即，不可感知形、不可分离型、不可储存形和差异性、缺乏所有权。

2. 探索阶段（1980—1985 年）

这个阶段的研究主要是两个方面：其一，探讨服务的特征如何影响消费者的购买行为，尤其是集中消费者对于服务的特征及优缺点、潜在风险的评估；其二，探讨如何根据服务的特征将其划分为不同的种类，不同种类的服务需要市场营销人员，运用不同的市场营销战略和技巧来推广。

1981 年时，美国的营销学者们开始转移服务营销的研究重点，将其移到服务的特征对消费者购买行为的影响上。其中，美国市场营销协会学会会议上，西姆斯所发表的《顾客评估服务如何有别于评估有形产品》一文为当时的代表作。

在这项研究中，大家肯定了服务特征对消费者购买行为的影响。由此营销学者们便达成了共识，即，服务营销不同于传统的市场营销，服务营销需要新的市场营销理论的支持。与此同时，还有不少营销学者就此探讨了服务的分类问题。

例如，萧斯塔克根据产品中所包含的有形商品和无形商品的不同比重，提出其著名的“从可感知到不可感知的连续谱系理论”。并且他还指出，在现实经济生活中，纯粹的有形商品和无形的服务都是非常少见的。戚斯则根据顾客参与服务过程的程度，把服务区分为“高卷入服务”和“低卷入服务”。虽然营销学者们的分类各有不同，但是，营销学者们认为，针对不同的服务类型，营销人员需要采用不同的营销战略来进行对待。

3. 挺进阶段（1986 年至今）

在这个阶段，研究的成果主要是探讨了服务营销组合应该包括那些因素，并对服务质量进行了深入研究，提出了有关服务接触的理论，还有则是服务营销的一些特殊领域的专题研究等，比如服务的出口战略、现代信息技术对服务产生或者管理，以及在市场营销过程中受到的影响等等。

在 20 世纪 80 年代后半期，营销学者们集中于研究传统的营销组合能否有效地用于推广服务，以及在服务营销中，需要用到哪些营销工具?

在这个阶段，营销学者们逐渐认识到“人”在服务的生产和推广过程中所起到的作用，并由此延伸出大量领域的研究——关系市场营销和服务系统设计。

在这一阶段，研究者们的观点依然是不同的，其中，杰克逊提出了要与不同的顾客建立不同的关系；塞皮尔强调的是关系营销才是服务营销人员应该掌握的技巧；以萧斯塔克为代表的营销学者们，则是对服务系统设计的研究做出了重要的贡献；包文和钟斯利则是利用交易费用理论，研究顾客在何种情况下，才愿意参与服务生产过程这一问题。

萧斯塔克在 1984 年、1987 年、1992 年发表了多篇论文，从多个角度阐述了“蓝图技术”对于分析和设计服务，以及服务生产过程的作用。

但是，在这个阶段关于“服务接触”和“服务质量”这两个方面的研究更富有成果。随着感知质量、技术质量和功能质量等概念的提出，服务质量差距理论也应运而生，它们都为后来的服务质量问题研究奠定了非常重要的基础。而在“服务接触”方面，服务人员与顾客在沟通过程中的心理与行为的变化，还有“服务接触”对顾客服务感知的影响，以及如何利用服务人员和顾客双方的控制欲、对服务过程和结果的“期望”、角色转换等因提高服务质量等课题，都在这一时间被研究者们纳入视野。

从 20 世纪 80 年代后期开始，营销学者们开始在服务营销组合上达成了较为一致的意见，即，在传统的 4Ps 基础上，又开始增加“人员”（People）、“有形展示”（Physical Evidence）、“服务过程”（Process）三个变量，从而实现了 4Ps 到服务营销的 7Ps 组合。

并且随着 7Ps 的提出和广泛认可，服务营销理论的研究也开始扩展，内部市场营销、服务企业文化、服务企业核心能力、全面质量管理、顾客满意、员工满意、顾客忠诚等领域也包含其中。这些领域的研究恰好代表了 20 世纪 90 年代以来，服务市场营销理论发展的新趋势。

我们分析了服务营销发展的阶段，那么在这里，我们将分析服务营销的特性。

在企业充分认识并满足消费者需求的前提下，企业需要采取一系列的活动，这便是服务营销兴起的起因。在今天，服务营销的方式是多种多样的，有我们常见的网络广告营销、报纸杂志营销。在以前，相比网络营销，传统营销方式更为大众所熟知。而现在随着互联网大数据的发展，网络营销也随之兴起，甚至可以毫不犹豫地说，网络营销已经赶超了传统营销。而服务营销在今天依然是企业需要运用且应熟知的一种手段。了解了服务营销的特性，并根据其特点进行针对性的营销，对于企业的品牌提升，产品打造都有着决定性的优势。

服务营销的研究主要有两大领域，即服务产品的营销和客户服务的营销。

服务产品的营销本质是研究如何促进产品服务的交换，而客户服务营销则是研究如何利用服务作为一种营销工具，以促进游行产品的交换。但是，无论是产品服务营销，还是客户服务营销，二者最终的理念都是顾客满意和顾客忠诚亮点。只有通过顾客满意和忠诚才能促进产品有力的交换，并且实现营销绩效的改进，以及企业的长期发展。

服务营销主要包含服务产品(Product)、服务定价(Price)、服务渠道或网点（ Place ）、服务沟通或促销（ Promotion ）、服务人员与顾客（ People ）和服务的有形展示（ Physical Evidence ）、服务过程（ Process ）七个要素。每一个要素都有着更能发展其特长的领域，比如“服务过程”这一要素在美容院时，就是一种复杂程度比较低，但是差异度比较高。

也就是说，不同的要素，在企业运用时，需要根据自己的优势来决定突出某一要素。

传统营销与企业营销也有较大差别。传统的营销方式只是营销的一种手段，但是企业营销的则是具体的某样产品。服务营销对于传统的营销是一种理念，但是企业营销的却是服务。二者的区别，使营销的方式也不一样。在传统的营销方式下，消费者购买了产品意味着这一项合作彻底结束了，虽然有的产品也有售后服务，但售后服务知识解决产品售后的一项技术。

但是对于企业来说，消费者购买了某样产品，意味着二者的合作才刚开始。因为企业关心的并不仅仅是产品的成功销售，而是消费者在企业购买这一产品时，通过产品为消费者提供的服务，消费者是否满意。这也可以从马斯洛的需求层次理论来理解，即人最高的需求是自我实现需求和尊重需求，服务营销则正是为消费者提供了这一需求。但是传统营销方式则只是提供了简单的，能够满足消费者安全方面和生理的需求。

随着社会的进步，人民的收入也日益提高，消费者的需求并不仅仅是一个产品，而是这种产品能够带来的特性需求和个性化的服务，从而使消费者有被尊重和实现自我价值的感觉。当企业做到了这一点，能得到的就是顾客的忠诚度。

从这一方面来说，服务营销并不仅仅是营销行业发展的一种趋势，而是社会进步下的必然的产物。

企业要想做好服务营销，就必须用更好的服务区打动消费者，唯有打动消费者，提升了消费者的忠诚度，才能使消费者的口碑传播效应得到扩散，阶段性爆品才能成为长效爆品。